Student's Book

참
한국어 2

참 도서출판 참

Student's Book

춤 한국어 2

도서출판 참

한국어 2

발행일	4판 4쇄 2021년 9월 13일
발행처	(주)도서출판 참
편 저	TOPIK KOREA 한국어교육연구소
집필진	오연경·이정희·공유정·김현애·정보영
일러스트	김은영
주 소	서울시 동작구 사당로 188
전 화	(02)595-5746
팩 스	(02)595-5749
홈페이지	http://www.chamkorean.com
등록번호	제 319-2014-52호

Copyright © (주)도서출판 참
이 책은 저작권법에 의해 보호를 받는 저작물입니다.
서면에 의한 허락 없이 내용의 일부 또는 전체를 인용하거나 발췌하는 것을 금합니다.
All rights reserved.
No part of this book may be reproduced, without the written permission from the publisher.

정 가 22,000원
ISBN 979-11-955259-9-7
       979-11-954215-0-3(세트)

이 도서의 국립중앙도서관 출판예정도서목록(CIP)은 서지정보유통지원시스템 홈페이지(http://seoji.nl.go.kr)와 국가자료공동목록시스템(http://www.nl.go.kr/kolisnet)에서 이용하실 수 있습니다.
CIP 제어 번호 : CIP2016022688

Published by CHAM PUBLISHING
Phone +82 2 595 5746 Fax +82 2 595 5749

머리말

　토픽코리아는 오랜 기간 국내외 대학을 비롯한 여러 한국어 교육 현장에서 외국인 한국어 학습자들과 함께 해 온 풍부한 경험을 바탕으로 『춤 한국어 1·2』를 출간하였습니다.

　많은 외국인 학습자들이 한국어를 기초부터 쉽고 재미있게 배우고 익혀 한국어로 의사소통하는 데에 최고의 가치를 두고 집필하였습니다.

　한국어 선생님들은 교재를 바탕으로 제작된 동영상을 활용한 효과적인 멀티미디어 교육이 가능하며, 학습자들은 온라인상에서 원어민 강사의 정확한 발음 등 다양한 학습 콘텐츠를 활용해 좀 더 쉽고 효과적인 한국어 학습을 할 수 있습니다.

　『춤 한국어 1·2』의 출간이 한국어 학습자들에게 한국어가 쉽고 재미있게 배울 수 있는 친숙한 언어로 인식되는 계기가 되기를 바랍니다.

　마지막으로 전 세계 한국어 교육 현장에서 한국어 세계화를 위해 노력하고 계시는 한국어 선생님들께 감사드리며, 이 책을 집필하는 데 시간과 수고를 아끼지 않으신 집필진 선생님들께도 감사의 인사를 전합니다.

　앞으로도 토픽코리아는 한국어를 학습하고자 하는 외국인들을 위한 한국어 교재 개발에 최선의 노력을 다하겠습니다.

교재 구성표

단원	제목	문법	기능 및 표현
1	방학 동안 잘 지냈어요?	· V-게 되다 · A-아지다/어지다 · N이/가 되다 · 처음 V · N(이)라고 하다	· 변화된 상태 말하기 · 자기소개하기
2	책을 빌리고 싶은데요	· A-(으)ㄴ데요/V-는데요/N(이)ㄴ데요 · N에게서[에서] N을/를 빌리다 · N에게 N을/를 빌려주다 · V-아요/어요	· 상황 설명하기 · 물건 빌리고 빌려주기 · 해요체로 대화하기
3	축제가 언제인지 알아요?	· N인지 알다[모르다] · V-는지 알다[모르다] · N이/가 아니고 N이다 · N에 N번	· 사실의 인지 여부 표현하기 · 정정하기 · 횟수 표현
4	저는 아버지를 많이 닮았어요	· V-(으)ㄴ/는/(으)ㄹ 것 같다 · A-(으)ㄴ/(으)ㄹ 것 같다 · N인 것 같다 · N을/를 닮다 · N와/과 닮다 · N은/는 N와/과 N이/가 비슷하다 [같다, 다르다] · N이/가 바로 N이다	· 추측 표현하기 · 차이·유사점 표현하기 · 장소 안내하기
5	수영할 줄 알아요?	· V-(으)ㄹ 줄 알다[모르다] · V-는 것을 좋아하다[싫어하다], V-는 것이 좋다[싫다] · 전혀 안 A/V, 전혀 못 V, 전혀 A/V-지 않다 · A/V-(으)면 좋겠다	· 능력을 나타내는 표현하기 · 기호·취향 표현하기 · 의향 표현하기
6	서울에서 제일 유명한 곳이 어디예요?	· A-(으)ㄴ 곳, V-는 곳 · N에서 제일/가장 A/V · N 중에서 제일/가장 A/V · V-는 것이[게] 어때요?	· 관형사형으로 장소 말하기 · 최상급으로 표현하기 · 의향을 묻거나 제안하기

단원	제목	문법	기능 및 표현
7	지하철로 가면 얼마나 걸립니까?	· V-(으)려면 · V-(으)면 N이다 · V-지 말다, V-지 말고 V-(으)세요 · N(으)로	· 의도나 의향을 가정하여 표현하기 · 상황에 대한 조건 표현하기 · 금지하기 · 수단 표현하기
8	감기 때문에 집에서 쉬었어요	· N 때문에 · N(이)라서 · N(이)나 N · A-(으)ㄴ 것, V-는 것 · N에 앉다/서다 · N은 N에[에게] 좋다/안 좋다 · N이/가 되다 · N(으)로 하다	· 이유나 근거 말하기 · 선택하기 · 관형사형 표현하기
9	제주도로 보내면 얼마인가요?	· V-(으)면 되다 · A/V-기 때문에 · V-나요?, A-(으)ㄴ가요?, N인가요? · 먼저 V · N보다 먼저 V	· 허용하기 · 이유 말하기 · 부드럽게 질문하기
10	한옥에 가 본 적이 있어요?	· V-(으)ㄴ 적(이) 있다[없다], V-아/어 본 적이 있다[없다] · V-기(가) A · A/V-지 않아요? · 이런[그런, 저런] N · 이렇게[그렇게, 저렇게] A/V	· 경험 말하기 · 상대의 생각이나 의견 확인하기
11	인사법에 대해서 알아 오세요	· N에 대해(서) · V-도록 하다 · V-아야/어야 되다 · V-아/어 가다[오다]	· 자세히 설명하기 · 조언하기 · 당위 표현하기
12	돈을 바꾸려고 왔는데요	· V-(으)려고 V · N이/가 어떻게 됩니까? · V-(으)ㄹ래요?/V-(으)ㄹ래요 · N은/는 · N짜리	· 의도 표현하기 · 알고 싶은 것 묻기 · 권유하기

교재 구성표

단원	제목	문법	기능 및 표현
13	제주도에 갈 건가요?	· A/V-(으)면 A/V-(으)ㄹ 거예요 · A/V-았/었을 거예요 · V-(으)ㄹ 건가요? · 별로 V/A-지 않다 · N도 A/V-고요	· 예상 및 추측하기 · 부드럽게 질문하기 · 부정 표현하기
14	친구와 이야기하고 나서 오겠습니다	· V-고 나서 · V-거나 V · 잘못 V / 잘 못 V · A/V-아서/어서 그래요, N(이)라서 그래요 · 됐습니다 · 그럼요	· 일의 순서 표현하기 · 선택하기 · 실수 표현하기 · 이유 표현하기
15	내가 가져올 테니까 기다리세요	· A-게 · A/V-(으)ㄹ 테니까 · V-기 전에 · A/V-네요	· 상태의 방식이나 정도 표현하기 · 요청하기 · 행위의 순서 표현하기 · 새로운 사실에 대해 감탄 표현하기
16	바자회가 참 재미있겠네요!	· N을/를 가지다 · N을/를 가져오다/가져가다 · A/V-겠-, A/V-았/었겠- · N마다 · V-기 시작하다	· 소유 여부 표현하기 · 추측 표현하기
17	이것이 잘 어울릴 것 같아요	· ㅎ불규칙 · N이/가 N에(게) 어울리다 · N이/가 N에(게) 맞다 · N이/가 N와/과 어울리다 · V-아/어 있다 · N 밖에 안[못] V/없다	· 색깔 표현하기 · 옷에 대해 표현하기 · 상태 묘사하기 · 한정 표현하기
18	어제 산 옷인데 좀 바꾸고 싶어요	· V-(으)ㄴ · A-아/어 보이다 · 그냥 V	· 과거의 행위에 대한 관형사형 표현하기 · 짐작이나 판단하기

단원	제목	문법	기능 및 표현
19	한국어를 배운 지 6개월이 되었어요	· N은/는 N에게 쉽다[어렵다] · N 대신(에) · V-(으)ㄴ 지 N이/가 되다 · N처럼 A/V	· 정도 표현하기 · 대안 말하기 · 활동 기간 표현하기 · 비유적으로 표현하기
20	곧장 가다가 오른쪽으로 돌아가세요	· V-다가 · N이/가 보이다 · N이어서/여서	· 행위의 전환 표현하기 · 보이다 활용 표현 · 이유, 근거 표현하기
21	미역국을 끓이려고 준비하고 있어요	· V-아도/어도 되다[괜찮다]/V-(으)면 안 되다 · A/V-(으)ㄹ 텐데 · N에게 N을/를 갖다 주다 [갖다 드리다]	· 허락하기 · 상황 추측하기 · 전달 표현하기
22	태권도를 아세요?	· A/V-(으)ㄹ 때, N 때 · N을/를 하다[치다, 타다] · 훨씬 더[덜] A/V · V-아/어 버리다	· 행위나 상황에 대한 시간 표현하기 · 스포츠 활동에 대해 표현하기 · 정도 표현하기 · 행위에 대한 끝냄 표현하기
23	이 공연이 마음에 들어요	· A/V-(으)ㄹ지 모르겠다 · V-기로 하다	· 상황 추측하기 · 약속하기, 결정하기
24	한국 드라마가 인기예요	· V-는 것을 보다 · N같이 A/V · N(이)나 · A/V-았/었군요	· 행위 상황 관찰 표현하기 · 비유해서 표현하기 · 차선 선택하기 · 새로 안 사실에 대해 감탄 표현하기

교재 구성표

단원	제목	문법	기능 및 표현
25	시내 구경하기를 좋아해요	· V-기를 좋아하다[싫어하다] · ㅅ불규칙 · A/V-(으)면 큰일이다, A/V-(으)면 큰일 나다 · N이/가 N에[에게] 맞다 · 전화를 걸다 · 시간이 나다	· 기호, 취향 표현하기 · 상황을 가정해서 표현하기
26	김치와 된장이 건강에 좋다고 해요	· A-다고 하다, V-ㄴ/는다고 하다, A/V-았/었다고 하다 · A-(으)냐고 하다, V-느냐고 하다, N(이)라고 하다 · V-아/어 놓다	· 간접 화법으로 말하기 · 상태 유지 표현하기
27	해님과 달님	· V-(으)라고 하다, V-지 말라고 하다 · V-아/어 주라고[달라고] 하다 · V-자고 하다, V-지 말자고 하다	· 간접 화법으로 말하기
28	오늘은 시험이 있는 날이다	· V-는 날, V-(으)ㄴ 날, A-(으)ㄴ 날, N 날 · V-ㄴ다/는다, A-다 · N(이)다	· 일정 소개하기 · 서술문 쓰기
29	요즘 잘 지내고 있니?	· 반말 · A/V-아서/어서 걱정이다	· 반말로 표현하기 · 걱정 표현하기
30	단풍이 울긋불긋 참 예쁠 거예요	· 의성어 · 의태어	· 시와 노래에 표현된 의성어와 의태어

차례

머리말 5
교재 구성표 6

본문편

1과	방학 동안 잘 지냈어요?	13
2과	책을 빌리고 싶은데요	22
3과	축제가 언제인지 알아요?	31
4과	저는 아버지를 많이 닮았어요	44
5과	수영할 줄 알아요?	52
6과	서울에서 제일 유명한 곳이 어디예요?	64
7과	지하철로 가면 얼마나 걸립니까?	73
8과	감기 때문에 집에서 쉬었어요	87
9과	제주도로 보내면 얼마인가요?	101
10과	한옥에 가 본 적이 있어요?	112
11과	인사법에 대해서 알아 오세요	125
12과	돈을 바꾸려고 왔는데요	137
13과	제주도에 갈 건가요?	147

14과	친구와 이야기하고 나서 오겠습니다	158
15과	내가 가져올 테니까 기다리세요	170
16과	바자회가 참 재미있겠네요!	183
17과	이것이 잘 어울릴 것 같아요	196
18과	어제 산 옷인데 좀 바꾸고 싶어요	207
19과	한국어를 배운 지 6개월이 되었어요	218
20과	곧장 가다가 오른쪽으로 돌아가세요	229
21과	미역국을 끓이려고 준비하고 있어요	240
22과	태권도를 아세요?	252
23과	이 공연이 마음에 들어요	264
24과	한국 드라마가 인기예요	274
25과	시내 구경하기를 좋아해요	286
26과	김치와 된장이 건강에 좋다고 해요	296
27과	해님과 달님	306
28과	오늘은 시험이 있는 날이다	315
29과	요즘 잘 지내고 있니?	324
30과	단풍이 울긋불긋 참 예쁠 거예요	338

본문·영문 번역 및 듣기 지문 346

정답 및 해설 안내 375

제1과 방학 동안 잘 지냈어요?

아래 그림을 보고 이야기합시다.

새 단어

여러분	반갑다
서로	인사하다
봄	자기소개
뵙다	기쁘다
노트북	새로
직장 생활	과거
취직	기분
영화배우	전화기

선생님 여러분 안녕하세요? 만나게 되어서 반갑습니다.

학생들 안녕하세요? 선생님.

선생님 친구들과 서로 인사하세요.

학생들 (서로) 안녕하세요.

선생님 저는 최수진이라고 합니다. 2단계를 가르치게 되었어요. 이제 봄이 되어서 날씨가 따뜻해졌지요?

학생들 네, 요즘 날씨가 아주 좋아요.

선생님 그럼 이제 자기소개를 해 볼까요? 누가 먼저 소개할까요?

다니엘 제가 먼저 할게요. 안녕하세요. 처음 뵙겠습니다. 저는 다니엘이라고 합니다. 미국에서 왔어요. 저는 미국에서 회사원이었어요. 미국에서 한국어를 조금 배웠는데 아직 잘 못해요. 여러분을 만나게 되어서 기뻐요.

문법01 한국어를 알게 되었어요

V-게 되다

만나게 되어서 반갑습니다.
한국에 와서 선생님을 알게 되었어요.
처음에는 한국어를 못했는데 지금은 잘하게 되었어요.
김치를 못 먹었는데 지금은 잘 먹게 되었어요.
내일부터 한국대학교에 다니게 될 거예요.

A-아지다/어지다

한국 노래를 듣고 기분이 좋아졌어요.
다니엘 씨는 매일 운동을 해서 건강해졌어요.
작년보다 올해 날씨가 추워졌어요.
축구를 해서 옷이 더러워졌어요.
4월이 되면 날씨가 따뜻해질 거예요.

N이/가 되다

나는 내년에 대학생이 될 거예요.
동생은 올해 고등학생이 되었어요.
한국은 여름이 되었어요.
두 사람은 친구가 되었어요.

V-게 되다

① 3월부터 대학교에 다니다

② 내년에 한국에 가다

③ 한국에 와서 매운 음식을 먹다

④ 작년부터 직장 생활을 시작하다

⑤ 노트북을 새로 사다

A-아지다/어지다

① 아르바이트를 해서 바쁘다

② 날씨가 많이 춥다

③ 과거보다 취직하기가 더 어렵다

④ 친구가 날씬하다

⑤ 요즘 회사에서 일이 많다

- 'A-아지다/어지다'를 사용해서 다음 문장을 완성하세요.

  ① 공원에서 쉬어서 기분이 (좋다)

  ② 10년 전보다 지금 차가 더 (많다)

  ③ 한국어 공부가 더 (어렵다)

  ④ 날씨가 많이 (따뜻하다)

  ⑤ 운동을 해서 몸이 (건강하다)

N이/가 되다

① 내년에 회사원

② 7년 전에 한국어 선생님

③ 저는 내년에 대학생

④ 올해 21살

⑤ 5년 후에 영화배우

연습합시다 1   'V-게 되다, A-아지다/어지다' 를 사용해서 질문에 답하세요.

보기

가 등산을 좋아하세요?
나 전에는 등산을 하지 않았는데 지금은 좋아하게 되었어요.

① 가 왜 한국에 왔어요?
　 나 한국 대학에 다니고 싶어서 한국에 _____.

② 가 2단계 문법이 어때요?
　 나 1단계 문법보다 _____.

③ 가 한 달 동안 운동을 하니까 어때요?
　 나 몸이 _____.

④ 가 동생이 지금 고등학생이에요?
　 나 아니요, 올해 대학생 _____.

⑤ 가 지금 무엇을 해요?
　 나 지난달에는 회사원 _____.

⑥ 가 김치 좋아하세요?
　 나 네, 전에는 못 먹었는데 _____.

⑦ 가 여러분은 한국에 와서 무엇이 달라졌어요?
　 나 _____.

문법02 처음 뵙겠습니다

처음 V

처음 뵙겠습니다.
이 옷을 처음 입었어요.
한국에 와서 김치를 처음 먹어 봤어요.
우리는 비행기에서 처음 만났어요.

연습합시다 2   [보기]와 같이 질문에 대답하세요.

| 보기 |
가 언제 한국을 처음 알게 되었어요?
나 작년에 처음 알게 되었어요.

① 가 인천공항에 도착해서 무엇을 처음 봤어요?
   나 _____.

② 가 한국에 와서 어떤 음식을 처음 먹어 봤어요?
   나 _____.

③ 가 남자(여자) 친구를 어디에서 처음 만났어요?
   나 _____.

문법03 저는 다니엘이라고 합니다

N(이)라고 하다

저는 에리나라고 합니다.
이것은 전화기라고 합니다.
'book'을 한국말로 '책'이라고 해요.

[보기]와 같이 써 보세요.

보기

처음 뵙겠습니다.   .
저는 에리나라고 합니다.   저는 _____ (이)라고 합니다.
일본에서 왔습니다.   _____ 에서 왔습니다.
고향에서 한국어를 조금 배웠는데   한국어를 배우고 있는데
한국어가 어려워요.   한국어가 _____ .
여러분을 만나게 되어서 반갑습니다. 여러분을 _____ .

연습합시다 3 'N(이)라고 하다' 를 사용해서 질문에 답하세요.

① 가 저 사람의 이름이 뭐예요?
   나 _____. (벤자민)

② 가 이 꽃의 이름이 뭐예요?
   나 _____. (장미)

③ 가 2단계 선생님 이름이 뭐예요?
   나 _____. (최민서)

④ 가 저것을 뭐라고 해요?
   나 _____. (지갑)

⑤ 가 친구의 이름이 뭐예요?
   나 _____. (제니)

이야기해 봅시다

'V-게 되다 / A-아지다/어지다 / N이/가 되다' 를 사용해서 문장을 완성하세요.

무엇이 달라졌어요?

→ 날씨가 _____.

→ 한국에 _____.

→ 혼자 _____.

→ 많이 먹어서 _____.

→ 봄이 _____.

무엇이 달라졌어요?

→ 방이 _____.

→ 텔레비전이 _____.

→ 여자 친구를 _____.

→ 기분이 _____.

듣고 말하기 듣고 답하세요.

새 단어
미술　　전공
학기　　얼굴
마음(이) 편하다

① 다니엘 씨 동생이 한국에 왜 왔어요?

① 영어를 가르치려고
② 한국어를 배우려고
③ 한국 여행을 하려고
④ 한국 미술을 공부하려고

② 다니엘 씨는 방학에 무엇을 했어요? 쓰세요.

① _____
② _____

③ 제니 씨는 왜 마음이 편해졌어요?

① 여행을 해서
② 동생을 만나서
③ 가족들을 만나서
④ 고향에 가게 되어서

제1과 방학 동안 잘 지냈어요?

제 2 과 책을 빌리고 싶은데요

아래 그림을 보고 이야기합시다.

새 단어

빌리다	빌려주다
잡지	필요하다
학생증	돌려주다
책장	아까
정리하다	자리

에리나   벤자민 씨, 오늘 수업 끝나고 뭐 할 거예요?
벤자민   도서관에 가려고 해요.
에리나   도서관이요? 왜요?
벤자민   책을 빌리고 잡지도 읽으려고 해요. 에리나 씨도 같이 가시겠어요?
에리나   좋아요. 저도 필요한 책이 있어요.

....

벤자민   이 책을 빌리고 싶은데요.
직 원   학생증을 주세요.
벤자민   언제까지 돌려줘야 해요?
직 원   오늘이 3일이니까 13일까지 돌려주세요.
벤자민   네, 고맙습니다.

문법01 책을 빌리고 싶은데요

A-(으)ㄴ데요 / V-는데요 / N(이)ㄴ데요

어떻게 오셨어요?
- 김 선생님을 만나고 싶은데요.

에리나 씨가 누구예요?
- 전데요. 왜요?

김치가 좀 맵지요?
- 괜찮은데요.

박 선생님 계세요?
- 지금 안 계시는데요.

연습합시다 1-1   [보기]와 같이 써 보세요.

보기
가 어떻게 오셨어요?
나 (박 선생님을 만나다) 박 선생님을 만나러 왔는데요.

① 가 어떻게 오셨어요?
   나 (통장을 만들다) _____.

② 가 어떻게 오셨어요?
   나 (학생증을 찾다) _____.

③ 가 어떻게 오셨어요?
   나 (등록을 하다) _____.

④ 가 어떻게 오셨어요?
   나 (소포를 보내다) _____.

연습합시다 1-2   [보기]와 같이 이야기해 보세요.

보기
가 벤자민 씨 계세요?
나 (안 계시다) 안 계시는데요.

① 가 왕홍 씨 좀 바꿔 주세요.
   나 (도서관에 가다) _____.

② 가 에리나 씨 있어요?
   나 (지금 없다) _____.

③ 가 여보세요? 한국어학당 맞지요?
   나 (아니다) _____.

④ 가 저는 (벤자민 친구) _____, 벤자민 씨 있어요?
   나 잠깐만 기다리세요.

연습합시다 1-3 다음 대화를 완성해 보세요.

① 가 지금 같이 얘기할 수 있어요?
　 나 미안해요. 지금 좀 (바쁘다) _____.

② 가 시간 있으면 커피 한잔 할까요?
　 나 미안해요. 오늘은 (일이 많다) _____.

③ 가 이 옷 어때요? 살까요?
　 나 좀 (비싸다) _____.

④ 가 오늘 일을 끝낼 수 있어요?
　 나 (시간이 없다) _____.

⑤ 가 뭐 찾으세요?
　 나 책장을 사려고 (오다) _____.

⑥ 가 우리 공원에 갈까요?
　 나 지금 비가 (오다) _____.

⑦ 가 영화 보러 갈까요?
　 나 저는 영화를 안 (좋아하다) _____.

⑧ 가 지금 지훈 씨 있어요?
　 나 지금 (없다) _____.

⑨ 가 왕홍 씨가 없네요?
　 나 아까 집에 (가다) _____.

⑩ 가 다니엘 씨, 학교에 왜 안 와요?
　 나 지금 (가고 있다) _____.

제2과 책을 빌리고 싶은데요 | 25

문법02 도서관에서 책을 빌리려고 해요

N에게서(에서) N을/를 빌리다

도서관에서 책을 빌렸어요.
친구에게서 옷을 빌렸어요.

N에게 N을/를 빌려주다

친구에게 CD를 빌려주었어요.
왕훙에게 볼펜을 빌려주었어요.
저는 에리나에게 사전을 빌려주었어요.

연습합시다 2
[보기]를 보고 다음 문장을 완성하세요.

보기				
	빌리다	빌려주다	에게	에게서

① 지갑이 없어서 친구 _____ 돈을 빌렸어요.

② 근처에 도서관이 없을까요? 책을 _____ 고 싶은데요.

③ 친구가 사전이 없어서 제가 _____ 았/었어요.

④ 가 왜 책이 없어요?
　 나 왕훙 씨 _____ 제 책을 빌려줬는데요.

문법03 도서관에 같이 가요

V-아요/어요

오늘 영화를 보러 가요.
우리 도서관에서 같이 공부해요.
친구가 올 거니까 같이 방을 정리해요.

지훈 씨가 밥을 사요.
여기는 도서관이니까 조용히 말해요.
자리가 없으니까 여기에 앉아요.

V-(으)ㅂ시다 ➡ V-아요/어요

① 같이 수영장에 갑시다.   같이 수영장에 가요.

② 우리 내일 불고기를 먹읍시다.

③ 주말에 중국 음식을 만듭시다.

④ 시간이 있으면 같이 걸읍시다.

V-(으)세요 ➡ V-아요/어요

① 여기에 앉으세요.   여기에 앉아요.

② 숙제를 꼭 해 오세요.

③ 김치가 매우니까 물을 드세요.

④ 내일이 시험이니까 공부하세요.

연습합시다 3   [보기]와 같이 대화를 완성하세요.

보기
가 우리 같이 수영장에 갈까요?
나 네, 수영장에 가요.

① 가 다음 주에 불고기를 먹을까요?
　나 네, _____.

② 가 이번 주말에 중국 음식을 만들까요?
　나 네, _____.

③ 가 아르바이트 하러 가야 하는데 오늘은 정말 피곤하군요.
　나 _____.

④ 가 배가 너무 아파요.
　나 _____.

⑤ 가 배가 아주 고파요.
　나 _____.

⑥ 가 어제 못 자서 지금 너무 자고 싶어요.
　나 _____.

읽고 말하기

다음을 읽고 답하세요.

테츠야 여보세요? 요코 씨!

요 코 네, 전데요.

테츠야 안녕하세요? 저 테츠야예요.

요 코 테츠야 씨? 오랜만이에요. 잘 지내요?

테츠야 네, 잘 지내고 있어요. 학교에 여러 나라에서 온 친구들도 많고 선생님들도 친절해요.

요 코 테츠야 씨가 잘 지내서 좋아요. 서울 구경도 자주 해요?

테츠야 지난 주말에는 용산에 있는 국립박물관에 갔어요. 건물이 아주 크고 넓어요. 일본어로 박물관 안내를 받았어요. 한국 역사와 문화를 많이 알게 되었어요.

요 코 정말 좋은 시간이었군요. 일본에 계신 가족이 많이 보고 싶지요?

테츠야 그럼요. 어제는 부모님에게서 편지가 왔어요. 가족 사진을 보내 주셨어요. 가족들이 보고 싶으면 사진을 봐요.

요 코 테츠야 씨의 사진도 찍어서 부모님께 보내요. 부모님께서 좋아하실 거예요.

테츠야 다음 주가 어머니 생신인데, 친구들과 함께 찍은 사진을 보내려고요.

요 코 좋은 생각이에요. 부모님께 가장 좋은 선물이 될 거예요.

새 단어
친절하다
용산
국립박물관
건물
넓다
안내
문화
생신

1. 테츠야는 지금 어디에서 무엇을 하고 있습니까?

2. 테츠야는 지난 주말에 어디에 갔습니까? 거기는 어떻습니까?

3. 테츠야는 가족이 보고 싶으면 어떻게 합니까?

4. 맞는 것을 고르십시오.

① 테츠야는 박물관에서 한국어 안내를 받았습니다.
② 테츠야는 어머니 생일에 사진을 보낼 것입니다.
③ 테츠야는 가족들이 보고 싶으면 편지를 읽습니다.
④ 테츠야는 박물관에서 일본 역사와 문화를 배웠습니다.

 **듣고 말하기** 듣고 답하세요.

1. 제니 씨가 승기 씨에게 (   ) 한 개를 빌려주었어요.

2. ① (   )이/가 (   )에게 (   )을/를 빌려줄 거예요.

   ② 제니 씨는 한국 생활이 왜 힘들어요?
      ① 공부가 어려워서
      ② 음식을 못 먹어서
      ③ 한국 여행이 싫어서
      ④ 한국어가 어려워서

제3과 축제가 언제인지 알아요?

아래 그림을 보고 이야기합시다.

새 단어	
축제	열리다
동아리	여기저기
팔다	행사
목걸이	미용실
자르다	배달 음식
시키다	입학 시험
말하기 대회	

에리나 왕홍 씨, 이게 뭐예요?

왕 홍 아, 축제를 하는군요! 보통 한국 대학교에서는 일 년에 한 번 축제가 열려요. 여러 동아리들이 학교 여기저기에서 동아리 소개도 하고 음식도 팔아요. 그리고 여러 가지 행사도 있고요.

에리나 그래요? 축제가 있는지 몰랐어요. 저도 가고 싶어요.

왕 홍 우리 학교 외국인 학생들이 자기 나라 음식을 만들어서 팔아요. 와서 먹어 봐요.

에리나 와, 좋아요. 그런데 언제 해요?

왕 홍 여기 보세요. 4월 17일 수요일인데요.

에리나 이번 주 수요일에는 친구와 약속이 있는데…….

왕 홍 이번 주가 아니고 다음 주예요.

에리나 좋아요! 그럼 다음 주에 갈게요.

문법01　축제가 언제인지 알아요?

N인지 알다[모르다]

서울병원이 어디인지 아세요?
- 네, 이 건물 뒤에 있어요.

2단계 학생들이 몇 명인지 알아요?
- 네, 모두 10명이에요.

축제가 언제인지 아세요?
- 아니요, 모르겠어요.

V-는지 알다[모르다]

기차가 몇 시에 출발하는지 알아요?
- 네, 11시에 출발해요.

에리나 씨가 누구를 만나는지 아세요?
- 아니요, 잘 몰라요.

그 사람이 왜 고향에 갔는지 아세요?
- 부모님을 만나러 갔어요.

V-는지 / N인지 알다[모르다]

① 2단계 수업을 어디에서 해요? 알아요?　　2단계 수업을 어디에서 하는지 알아요?

② 다니엘 씨가 언제 고향에 돌아가요? 알아요?

③ 기차가 언제 출발해요? 모르겠어요.

④ 지금 몇 시예요? 알아요?

⑤ 시험이 몇 과예요? 아세요?

⑥ 책값이 얼마예요? 모르겠어요.

연습합시다 1-1   [보기]와 같이 대화를 완성하세요.

보기
가 제니 씨가 어디에서 (운동하다) 운동하는지 알아요?
나 아니요, 몰라요. 오늘은 제니 씨를 못 만났어요.

① 가 이 물건을 어디에서 (팔다) _____ 아세요?
　 나 잘 몰라요. 미안해요.

② 가 그 목걸이 어디에서 샀어요?
　 나 3년 전에 어머니가 사 주셨어요. 그래서 어디에서 (사다) _____ 몰라요.

③ 가 김치를 어떻게 (만들다) _____ ?
　 나 네, 제가 가르쳐 줄게요. 같이 만들어 봅시다.

④ 가 벤자민 씨가 어디로 (여행 가다) _____ ?
　 나 아니요, _____ .

연습합시다 1-2 [보기]와 같이 연결해서 쓰세요.

|보기|

1. 지금 · — · 몇 명
2. 비빔밥 · · 얼마
3. 그분 · · 몇 시   지금이 몇 시인지 알아요?
   　　　　　　　　　네, 알아요. / 아니요, 몰라요.
4. 방학 · · 누구
5. 학생들 · · 언제

문법02 아이스크림이 아니고 커피예요

N이/가 아니고 N이다

저는 일본 사람이 아니고 한국 사람입니다.
그것은 콜라가 아니고 커피예요.
제 가방이 아니고 흐엉 씨 가방이에요.
여기는 사당역이 아니고 남성역인데요.

연습합시다 2-1 [보기]와 같이 쓰세요.

> **보기**
> 책 (X) /공책 (O)
> → 이것은 책이 아니고 공책입니다.

① 중국 (X) / 프랑스 (O)
→ 거기는   .

② 내일 (X) / 모레 (O)
→ 시험은   .

③ 불고기 (X) / 김밥 (O)
→ 오늘 점심은   .

④ 펜 (X) / 지우개 (O)
→ 지금 필요한 것은   .

⑤ 10월 (X) / 11월 (O)
→ 제 생일은   .

⑥ 315호 (X) / 316호 (O)
→ 우리 교실은   .

⑦ 사당역 (X) / 이수역 (O)
→ 여기는   .

연습합시다 2-2   [보기]와 같이 쓰세요.

보기

제 책은 4급 한국어 책이 아니고
2급 한국어 책이에요.

①   이것은 축구　　　　　　야구　　　　　　　.

②   제가 사고 싶은 것은　　　　　　　　　　　　.

③   2단계 선생님은　　　　　　　　　　　　.

연습합시다 2-3 [보기]와 같이 대화를 완성하세요.

| 보기 |

가 커피를 마시는 사람이 마리 씨지요?
나 아니요, 마리 씨가 아니고 제인 씨예요.

① 가 민지 씨가 책을 읽고 있지요?
　 나 아니요, 책을 읽고 있는 사람은 _____.

② 가 어머니가 커피를 마시고 계세요?
　 나 아니요, _____.

③ 가 여기는 미국이에요?
　 나 아니요, _____.

④ 가 왕홍 씨의 누나예요?
　 나 아니요, _____.

문법03 일 년에 한 번 고향에 가요

> **N에 N번**
>
> | N 시간 |
> |---|
> | N 주일[주] |
> | N 달[개월] |
> | N 년 |
> | 하루/이틀/사흘/나흘 |
>
> 일주일에 세 번 수영을 배워요.
> 한 달에 한 번 미용실에 가서 머리를 잘라요.
> 우리 학교에서는 일 년에 한 번 말하기 대회를 해요.

연습합시다 3-1 [보기]와 같이 쓰세요.

보기
1년 / 1번 / 제주도에 가다 → 일 년에 한 번 제주도에 가요.

① 하루 / 3번 / 약을 먹다 → _____.

② 1주일 / 4번 / 중국어를 가르치다 → _____.

③ 1년 / 2번 / 고향에 가다 → _____.

④ 1달 / 2번 / 영화를 보다 → _____.

⑤ 한 달 / 두 번 / 배달 음식을 시켜서 먹다
→ _____.

연습합시다 3-2 [보기]와 같이 쓰세요.

보기

저는 월요일부터 금요일까지 학교에 가요.
→ 저는 일주일에 다섯 번 학교에 가요. (일주일/5)

① 이 약은 아침, 점심, 저녁 식사 후에 먹어야 해요.
→ 이 약은 _____. (하루/3)

② 어머니는 일요일에 교회에 가세요.
→ 어머니는 _____. (일주일/1)

③ 대학 입학시험은 봄과 가을에 있습니다.
→ 대학 입학시험은 _____. (1년/2)

④ 여러분은 부모님께 얼마나 자주 전화하세요?
→ 저는 _____ 전화를 합니다.

연습합시다 3-3   친구와 함께 이야기해 보세요.

| | 나 | 친구 |

① 한 달에 몇 번 쇼핑을 해요?

② 일주일에 몇 번 음식을 만들어요?

③ 하루에 몇 번 커피를 마셔요?

④ 한 달에 몇 번 데이트해요?

⑤ 하루에 몇 번 화장실에 가요?

⑥ 일 년에 몇 번 고향에 가요?

읽고 말하기

다음을 읽고 답하세요.

흐엉 제니 씨, 요즘 다이어트해요?
제니 제가 다이어트하는지 어떻게 알았어요?
흐엉 제니 씨가 지난번보다 날씬해졌어요.
제니 정말요? 요즘 제가 요가를 하고 있어요.
흐엉 그래서 살이 빠졌군요. 요가를 언제부터 했어요?
제니 지난달부터 했어요. 한 달쯤 되었어요.
흐엉 일주일에 몇 번 가요?
제니 일주일에 세 번 가서 한 시간 동안 운동을 해요.
흐엉 그렇군요. 제니 씨를 보니까 저도 요가를 배우고 싶은데요. 저는 요가를 한 번도 안 해 봐서 어떻게 하는지 몰라요.
제니 그럼 제가 다니는 요가 학원에서 배워 보세요. 선생님께서 아주 잘 가르쳐 주세요. 그리고 같이 하면 더 재미있을 거예요.
흐엉 저는 오전에는 학교에 가야 하는데 몇 시까지 해요?
제니 저녁 9시까지 하니까 학교 수업 끝나고 가면 될 거예요. 지금 학원에 가려고 하는데 같이 가 볼까요? 선생님께 더 알고 싶은 것을 물어보세요.

새 단어
다이어트
요가
살이 빠지다
학원

❶ 제니는 요가 학원에 일주일에 몇 번 갑니까?

❷ 흐엉은 왜 요가를 배우고 싶습니까?

❸ 제니와 흐엉은 지금 어디에 가려고 합니까?

❹ 틀린 것을 고르세요.
① 흐엉 씨는 요가를 배우지 않았어요.
② 제니 씨는 다이어트를 하고 있어요.
③ 흐엉 씨는 요가 학원에 다니고 싶어요.
④ 제니 씨는 일주일에 한 시간 요가를 해요.

듣고 말하기 듣고 답하세요.

① 일주일에 몇 번 일을 해요?

_____.

② 한 달에 몇 번 영어 공부해요?

_____.

③ 제니 씨는 언제 와요?

_____.

이야기해 봅시다 친구와 이야기해 보세요.

질문	대답
( ) 씨가 무엇을 잘 먹는지 아세요?	
( ) 씨가 어디에 사는지 아세요?	
( ) 씨가 어떤 사람을 좋아하는지 아세요?	
( ) 씨가 남자/여자 친구가 있는지 아세요?	
( ) 씨가 _____?	

제4과 저는 아버지를 많이 닮았어요

아래 그림을 보고 이야기합시다.

새 단어

오랜만에	나오다
비슷하다	바로
목소리	똑같다
착하다	고모
고모부	사촌
정말	닮다
다르다	성격
키	쌍둥이

지훈　벤자민 씨, 저기 보세요. 비행기가 도착했어요. 오랜만에 아버지를 만나는데 기분이 어때요?

벤자민　일 년 동안 아버지가 너무 보고 싶었는데 오늘 만날 수 있어서 참 좋아요. 지훈 씨, 오늘 저와 같이 공항에 와 줘서 고마워요.

지훈　뭘요. 오늘은 수업이 없어서 괜찮아요.

벤자민　지훈 씨, 사람들이 나와요.

지훈　어? 저분이 벤자민 씨의 아버지인 것 같아요. 벤자민 씨와 얼굴이 비슷한데요.

벤자민　맞아요. 저분이 바로 우리 아버지세요.

문법01 선생님께서 집에 가시는 것 같아요

V-(으)ㄴ/는/(으)ㄹ 것 같다
A-(으)ㄴ/(으)ㄹ 것 같다

밖에 비가 오는 것 같아요.
저분을 버스정류장에서 본 것 같아요.
오후에 왕흥 씨와 마리 씨가 만날 것 같아요.
날씨가 더운 것 같아요.
그 치마는 비쌀 것 같아요.

(내 생각에) 바빠서 오늘은 못 갈 것 같아요.
(내 생각에) 서울은 자동차가 많은 것 같아요.

N인 것 같다

일본 음식인 것 같습니다.
제 친구 휴대폰인 것 같군요.
벤자민 씨의 어머니인 것 같아요.

이거 누구의 학생증이에요?
- 마리 씨 학생증인 것 같은데요.

V-(으)ㄴ/는/(으)ㄹ 것 같다

① 조금 전에 수업이 끝나다

② 지금 버스가 출발하다

③ 할머니께서 지금 주무시다

④ 내일 비가 오다

⑤ 내년에 고향에 돌아가다

A-(으)ㄴ/(으)ㄹ 것 같다

① 요즘 날씨가 너무 춥다

② 선생님께서 바쁘다

③ 문법 시험이 어렵다

④ 두 사람 목소리가 똑같다

⑤ 왕홍 씨가 착하다

N인 것 같다

① 서윤 씨의 친구이다

② 고향에 사는 고모이다

③ 이것은 지훈 씨의 가방이다

④ 저분이 김 선생님의 사촌이다

연습합시다 1   그림을 보고 [보기]와 같이 쓰세요.

| 보기 |

 밖에 비가 오는 것 같아요.

①    .

②    .

③    .

④    .

⑤    .

문법02 저는 아버지를 닮았어요

N을/를 닮다

저는 아버지를 닮았어요.
아기가 엄마를 정말 닮았어요.
지훈 씨는 누구를 닮았어요?

N와/과 닮다

나는 언니와 닮았어요.
제 동생과 형은 많이 닮았어요.

N은/는 N와/과 N이/가 비슷하다[같다, 다르다]

저는 아버지와 눈이 비슷해요.
고모는 고모부와 얼굴이 비슷해요.
제 동생은 어머니와 성격이 많이 달라요.
저는 오빠와 얼굴은 비슷하지만 성격은 달라요.

연습합시다 2-1

[보기]에서 알맞은 단어를 골라 문장을 완성하세요.

보기	언니	닮다	코	할아버지	
	키	다르다	성격	같다	목소리

① 아버지는 _____ 을/를 닮았어요.

② 저는 어머니와 _____ 이/가 비슷해요.

③ _____ 은/는 어머니와 _____ 이/가 _____ .

④ 나는 160cm, 내 동생도 160cm, 우리는 _____ 이/가 _____ .

⑤ 나와 여동생은 _____ 이/가 비슷해서 전화를 하면 누구인지 잘 몰라요.

⑥ 두 사람은 쌍둥이인데 안 _____ .

연습합시다 2-2   아래의 문장을 완성하세요.

1 누구를 닮았어요?

저는 _____ 을/를 닮았어요.

2 누구를 닮았어요?

저는 _____ 와/과 닮았어요.

제 친구는 _____ 와/과 닮았어요.

3 누구와 무엇이 닮았어요? / 비슷해요? / 같아요? / 달라요?

저는 _____ 와/과 _____ 이/가 닮았어요.

저는 _____ 와/과 _____ 이/가 비슷해요.

제 _____ 은/는 _____ 와/과 _____ 이/가

4 여러분과 부모님은 무엇이 같아요? / 달라요? / 비슷해요?

저는 아버지와 _____ 이/가 _____

저는 어머니와 _____ 이/가

5 _____ 씨와 _____ 씨는 무엇이 비슷해요? / 달라요?

_____ 씨와 _____ 씨는 _____ 이/가 비슷해요.

_____ 씨와 _____ 씨는 _____ 이/가 달라요.

한걸음 더!

N이/가 바로 N이다

여기가 바로 남산이에요.
부산이 바로 제 고향입니다.

가 이 지갑이 맞아요?
나 네, 그 지갑이 바로 내 지갑이에요.

듣고 말하기

듣고 답하세요.

① 우리는 누구를 닮았어요?

새 단어
자주

② 다니엘과 크리스는 무엇이 달라요?

③ 틀린 것을 고르세요.
① 크리스는 혼자 책을 읽어요.
② 다니엘과 크리스는 생일이 달라요.
③ 다니엘은 친구들을 자주 만나요.
④ 다니엘과 크리스는 같이 아파요.

제5과 수영할 줄 알아요?

아래 그림을 보고 이야기합시다.

새 단어

취미	배구
외국	바이올린
켜다	한글
소설책	담그다
춤(을) 추다	설거지하다
스포츠	게임
전혀	별로

왕 홍   다니엘 씨는 주말에 뭘 하세요?

다니엘   난 수영장에 다녀요.

왕 홍   다니엘 씨, 수영할 줄 알아요?

다니엘   네, 수영하는 것을 참 좋아해요. 수영이 제 취미예요.

왕 홍   참 좋은 취미인 것 같군요. 나는 수영을 전혀 못 해요.

다니엘   왕홍 씨는 취미가 뭐예요?

왕 홍   난 한국 음악 듣는 것을 좋아해서 자주 들어요.

다니엘   나도 한국 가수를 좋아하는데 다음에 같이 공연을 보러 가면 좋겠어요.

문법 01 수영할 줄 알아요?

V-(으)ㄹ 줄 알다/모르다

저는 배구를 할 줄 알아요.
제니 씨, 한자를 읽을 줄 알아요?
한국 음식을 만들 줄 몰라요.
할 줄 아는 외국어가 있어요?

한국말을 할 줄 알아요?
- 네, 할 줄 알지만 잘 못해요.

V-(으)ㄹ 줄 알다/모르다

① 외국 사람이 한글을 읽다   외국 사람이 한글을 읽을 줄 알아요?

② 바이올린을 켜다

③ 불고기를 만들다

④ 한국 소설책을 읽다

⑤ 왕홍 씨가 혼자 집에 가다

⑥ 중국어를 하다

⑦ 매운 음식을 먹다

⑧ 아기가 혼자 걷다

연습합시다 1 다음 그림을 보고 [보기]와 같이 써 보세요.

보기

가 스키를 탈 줄 알아요? (타다)
나 네, 탈 줄 알아요.

① 가 피아노를 _____ ? (치다)
　나 네, _____ .

② 가 김치를 _____ ? (담그다)
　나 아니요, _____ .

③ 가 술을 _____ ? (마시다)
　나 _____ .

④ 가 일본어를 _____ ? (하다)
　나 _____ .

⑤ 가 자전거를 _____ ? (타다)
　나 _____ .

⑥ 가 떡볶이를 _____ ? (만들다)
　나 _____ .

문법02 음악 듣는 것을 좋아해요

V-는 것을 좋아하다/싫어하다

저는 혼자 영화(를) 보는 것을 좋아해요.
요리하는 것을 정말 좋아합니다.
운동을 하는 것보다 등산하는 것을 좋아해요.

V-는 것이 좋다/싫다

혼자 밥 먹는 것이 싫습니다.
주말에는 집에서 쉬는 것이 좋습니다.
버스를 타는 것보다 지하철을 타는 것이 좋아요.
기숙사에서 사는 것이 좋아요.

V-는 것을 좋아하다/싫어하다

① 나는 한국 영화(를) 보다
② 아버지는 신문(을) 읽다
③ 여자 친구는 치마(를) 입다
④ 저는 영어로 말하다
⑤ 왕홍 씨는 운동하다

V-는 것이 좋다/싫다

① 나는 한국 영화를 보다
② 저는 신문을 읽다
③ 나는 버스 타는 것보다 걷다
④ 저는 청소하는 것보다 설거지하다

연습합시다 2-1 [보기]와 같이 쓰세요.

보기

영화를 보다/책을 읽다
→ 저는 영화를 보는 것보다 책 읽는 것이 좋아요.

① 맛있는 음식을 만들다 / 맛있는 음식을 먹다
→ 저는 _____.

② 아침에 공부하다 / 밤에 공부하다
→ 저는 _____.

③ 도서관에서 혼자 공부하다 / 집에서 친구들과 같이 공부하다
→ 저는 _____.

④ 혼자 여행하다 / 친구와 같이 여행하다
→ 저는 _____.

⑤ 여름에 바다에 가다 / 여름에 산에 가다
→ 저는 _____.

⑥ 운동장에서 운동하다 / 텔레비전에서 운동경기를 보다
→ 저는 _____.

연습합시다 2-2 [보기]와 같이 친구와 이야기해 보세요.

보기

가 마리 씨, 시간이 있으면 무엇을 하는 것이 좋아요?
나 저는 음악을 듣는 것이 좋아요.
가 무엇을 하는 것이 싫어요?
나 컴퓨터 게임을 하는 것이 싫어요.
가 왜요? 이유가 뭐예요?
나 컴퓨터 게임을 하면 머리가 아파요.

음악을 듣다   노래를 하다   책을 읽다   영화를 보다   운전을 하다   운동을 하다
여행을 하다   쇼핑하다   공부를 하다   음식을 만들다   술을 마시다   커피를 마시다
잠을 자다   텔레비전을 보다   산책을 하다   컴퓨터 게임을 하다   친구와 이야기하다

이름	☺	☹
나		
씨		
씨		
씨		

문법03 나는 수영을 전혀 못해요

전혀 안 A/V
전혀 못 V
전혀 A/V-지 않다

처음에는 한국어를 전혀 못 했어요.
저는 술을 전혀 못 마셔요.
공부를 전혀 안 했어요?
흐엉 씨는 불어를 전혀 못 해요.
저는 고기를 전혀 먹지 않아요.

연습합시다 3 다음을 사용해 대답해 보세요.

| 보기 | 잘   조금   전혀 |

1. 일본어를 할 줄 알아요?

2. 피아노를 칠 줄 알아요?

3. 한국 요리를 할 줄 알아요?

4. 탁구를 칠 줄 알아요?

5. 그림을 그릴 줄 알아요?

문법04 장학금을 받으면 좋겠어요

A/V-(으)면 좋겠다

이번 여행이 즐거우면 좋겠어요.
올해는 언니가 결혼하면 좋겠어요.
좀 피곤해요. 주말에는 쉬면 좋겠어요.

어머니가 많이 편찮으세요.
- 빨리 건강해지시면 좋겠어요.

A/V-(으)면 좋겠다

싸고 예쁜 옷을 사면 좋겠어요.

① 싸고 예쁜 옷을 사다

② 내가 만든 음식이 맛있다

③ 재미있는 영화를 보다

④ 부모님을 빨리 만나다

⑤ 친구와 같이 여행을 가다

⑥ 친구에게 생일 선물을 받다

⑦ 혼자 살다

⑧ 날씨가 춥지 않다

⑨ 시험이 쉽다

⑩ 공원을 걷다

연습합시다 4   '-(으)면 좋겠다'를 사용하여 물음에 답하세요.

① 가 지금 무엇을 하고 싶어요?
   나   .

② 가 점심에 무엇을 먹고 싶어요?
   나   .

③ 가 주말에 무엇을 할 거예요?
   나   .

④ 가 선생님과 무엇을 하고 싶어요?
   나   .

⑤ 가 저는 키가 크면 좋겠어요. 여러분은 어때요?
   나   .

쓰고 말하기

아래 문법과 어휘를 사용하여 [보기]와 같이 써 보세요.

새 단어

그림(을) 그리다
미술관
화가
꼭
예술의전당
홈페이지
전시회
예술
설명

저는 그림 보는 것을 아주 좋아해요. 그래서 주말에는 친구를 만나서 같이 미술관에 자주 가요. 하지만 그림을 전혀 그릴 줄 몰라요. 그림을 잘 그리면 좋겠어요. 제 친구 벤자민 씨는 화가예요. 그래서 그림을 잘 그려요. 그래서 이번 방학에 시간이 있으면 벤자민 씨에게 그림 그리는 것을 꼭 배우려고 해요.

예술의전당 홈페이지를 보니까 다음 주에 그림 전시회가 있어요. 예술의전당에 어떻게 가는지 몰라서 벤자민 씨와 같이 가려고 해요. 벤자민 씨가 그림을 잘 아니까 설명을 해 줄 거예요. 좋은 시간이 되면 좋겠어요.

V-는 것을 좋아하다/싫어하다   V-는 것이 좋다/싫다
A/V-(으)면 좋겠다   V-(으)ㄹ 줄 알다/모르다
별로/전혀

저는 _____

듣고 말하기

듣고 알맞게 연결하세요.

1. ① 승 기

② 지 훈

③ 서 윤

④ 벤자민

⑤ 제 니

새 단어

음악
악기
설악산
지리산
초대하다

2. 맞으면 O, 틀리면 X 하세요.

① 승기 씨는 매일 피아노를 배워요. (　　)
② 지훈 씨는 설악산과 지리산에 가 봤어요. (　　)
③ 벤자민 씨는 운동을 좋아해서 매일 아침에 운동을 해요. (　　)
④ 서윤 씨는 맛있는 음식을 만들고 친구들을 초대해요. (　　)
⑤ 제니 씨는 영화를 자주 보지만 혼자 극장에 가지 않아요. (　　)

제6과 서울에서 제일 유명한 곳이 어디예요?

아래 그림을 보고 이야기합시다.

새 단어

관광	공휴일
주로	서울타워
남산	전망대
야경	벚꽃
단풍	낚시
주차장	쓰레기
바닷가	동해
드라마	휴일
모임	독서
강아지	기르다
목	전주
유명하다	채소
배우	높다

지훈 제니 씨, 지금 뭘 보고 있어요?

제니 서울 관광 안내 책을 보고 있어요. 다음 주 목요일은 공휴일인데 그날 고향에서 친구가 와요. 그때 같이 서울 구경을 하고 싶어요.

지훈 어디에 갈 거예요?

제니 아직 잘 모르겠어요. 지훈 씨, 서울에서 외국 사람들이 주로 많이 가는 곳이 어디예요?

지훈 음……. 제니 씨, 서울타워에 가 봤어요?

제니 아니요.

지훈 서울타워는 남산에 있는데 전망대에 올라가면 서울 시내를 다 볼 수 있어요. 저녁 야경도 정말 아름다워요.

제니 그래요?

지훈 그리고 봄에 가면 벚꽃이 예쁘고 가을에 가면 단풍이 정말 멋있어요. 한국 사람들도 모두 좋아하는 곳이에요.

문법01 유명한 곳이 어디예요?

A-(으)ㄴ 곳

정말 아름다운 곳이군요!
거기는 주말에 아주 복잡한 곳이에요.
여기는 삼계탕이 맛있는 곳이에요.
학교에서 가까운 곳에 서점이 있어요.

V-는 곳

지하철을 타는 곳이 좀 멀어요.
여기는 쓰레기를 버리는 곳입니다.
이 식당은 주로 여자들이 좋아하는 곳이에요.
서울에서 외국 사람들이 많이 사는 곳이 어디예요?

A-(으)ㄴ 곳

① 명동 / 사람이 많다   명동은 사람이 많은 곳입니다.

② 제주도 / 따뜻하다

③ 제 고향 / 한국에서 아주 멀다

V-는 곳

① 여기 / 낚시를 하다

② 앞자리 / 선생님께서 앉다

③ 1층 / 구두를 팔다

연습합시다 1 이곳은 어떤 곳입니까? 그림을 보고 쓰세요.

보기

 주차장 → 자동차를 세우는 곳

①  →

②  →

③  →

④  →

⑤ 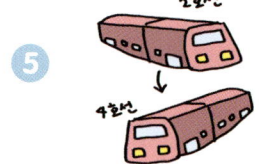 →

⑥ 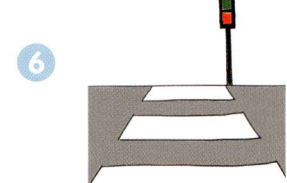 →

⑦  →

문법02 서울에서 제일 유명한 곳이 어디예요?

N에서 제일[가장] A/V

여기가 서울에서 제일 복잡한 곳입니다.
우리 반에서 제니 씨가 가장 노래를 잘해요.
이 식당이 우리 학교 근처에서 제일 맛있어요.
한국에서 여름에 사람들이 가장 많이 가는 바닷가는 동해예요.

N 중에서 제일[가장] A/V

친구들 중에서 누구와 제일 친해요?
한국 음식 중에서 불고기가 가장 맛있어요.
외국 학생들 중에서 제니 씨가 한국말을 가장 잘해요.
여러분이 본 한국 드라마 중에서 무엇이 제일 재미있었어요?

연습합시다 2   [보기]와 같이 써 보세요.

보기   (한국 / 좋다 / 대학교)
가 한국에서 가장 좋은 대학교는 어디입니까?
나 한국대학교입니다.

① (한국 음식 / 좋아하다 / 음식)
가   ?
나   .

② (지금까지 본 영화 / 재미있다 / 영화)
가   ?
나   .

③ (고향 / 유명하다 / 곳)
가   ?
나   .

④ (동물 / 싫어하다 / 동물)
가   ?
나   .

⑤ (과일 / 좋아하다 / 것)
가   ?
나   .

⑥ (운동 / 싫어하다 / 것)
가   ?
나   .

문법03 서울타워에 가 보는 것이 어때요?

V-는 것이[게] 어때요?

감기에 걸렸어요.
- 약을 먹는 것이 어때요?

휴일에 여행 가려고 했는데 비가 와요.
- 다음에 가는 게 어때요?

숙제가 무엇인지 모르겠어요.
- 선생님께 다시 물어보는 게 어때요?

이번 모임에서 무엇을 할까요?
- 만나서 같이 영화를 보는 게 어때요?

① 혼자 사니까 강아지를 기르세요.

② 내일이 시험이니까 같이 공부합시다.

③ 고기를 좋아하니까 불고기를 만드세요.

④ 여름방학에는 더우니까 바닷가에 갈까요?

⑤ 한국어를 공부하고 있으니까 한국 드라마를 많이 보세요.

V-는 것이[게] 어때요?

혼자 사니까 강아지를 기르는 게 어때요?

연습합시다 3   [보기]와 같이 써 보세요.

보기
가 한국어가 어려워요.
나 친구와 같이 공부하는 게 어때요?

① 가 구두를 사야 하는데 어디에서 사야 해요?
　 나 _____?

② 가 지갑이 없어졌어요. 어떻게 해요?
　 나 _____?

③ 가 학교에서 독서를 하고 싶은데 어디가 좋을까요?
　 나 _____?

④ 가 어머니 생신인데 무엇을 선물하면 좋을까요?
　 나 _____?

⑤ 가 감기에 걸려서 목이 아파요.
　 나 _____?

⑥ 가 내일이 시험인데 공부를 많이 못 했어요. 어떻게 하지요?
　 나 _____?

이야기해 봅시다
여러분 고향은 어떤 곳이에요? 무엇이 유명해요? 친구에게 이야기해 보세요.

보기

제 고향은 전주입니다. 전주는 맛있는 음식이 많은 곳입니다. 전주에서 제일 유명한 음식은 비빔밥입니다. 비빔밥은 여러 가지 채소를 넣어서 만드는 음식입니다. 전주에 가면 비빔밥을 먹어 보세요.

① 우리 고향(나라)에서 가장 유명한 곳은　　　　　　입니다.

② 우리 고향(나라)에서 가장 유명한 음식은　　　　　　입니다.

③ 우리 고향(나라)에서 제가 가장 좋아하는 배우(가수)는　　　　　　입니다.

④ 우리 고향(나라)에서 가장 높은 산은　　　　　　입니다.

⑤ 우리 고향(나라)에서　　　　　　은/는　　　　　　입니다.

듣고 말하기 듣고 답하세요.

① 동대문 시장은 어떤 곳이에요?
① 서울에서 가장 큰 시장
② 물건 값이 비싼 시장
③ 젊은 사람들이 많이 가는 시장
④ 유명한 물건을 많이 파는 시장

새 단어
가격
젊다
해외
깎다
DDP(동대문 디자인 프라자)

② 제니 씨는 언제 시장에 갈 거예요?

③ 들은 내용과 같은 것은 무엇입니까?
① 제니 씨는 구두를 사려고 해요.
② 두 사람은 이번 주말에 동대문 시장에 갈 거예요.
③ 제니 씨는 혼자서 동대문 시장에 갈 수 있어요.
④ DDP에는 공원은 있지만 카페는 없어요.

제7과 지하철로 가면 얼마나 걸립니까?

아래 그림을 보고 이야기합시다.

새 단어

실례지만	경복궁
횡단보도	건너다
건너가다	안국역
찾다	청계천
여권	지하도
주차하다	지하
내려가다	똑바로
노래방	고속버스

마 리 실례지만, 경복궁에 가고 싶은데 어떻게 가야 해요?

아저씨 경복궁에 가려면 여기에서 횡단보도를 건너가서 지하철을 타세요.

마 리 시간이 얼마나 걸려요?

아저씨 지하철로 가면 30분쯤 걸릴 거예요.

마 리 버스는요?

아저씨 40분쯤 걸려요. 지하철이 더 빠르니까 버스 타지 말고 지하철을 타세요.

마 리 네, 알겠습니다.

아저씨 안국역에서 내리면 경복궁을 쉽게 찾을 수 있어요.

마 리 감사합니다.

문법01　경복궁에 가려면 어떻게 가야 해요?

V-(으)려면

청계천에 가려면 어떻게 가야 해요?
가수가 되려면 노래를 잘해야 합니다.
한국말을 잘하려면 한국 친구를 만나 보세요.
불고기를 만들려면 무엇이 필요해요?

V-(으)려면

① 명동에 가다 / 지하철을 타다　　　　　　　명동에 가려면 지하철을 타야 해요.

② 해외여행을 하다 / 여권이 필요하다

③ 약국에 가다 / 지하도를 건너다

④ 주차하다 / 지하로 내려가다

⑤ 날씬해지다 /

⑥ 한국말을 잘하다 /

연습합시다 1 [보기]와 같이 써 보세요.

보기

다이어트를 하다, (운동하다)

가 다이어트를 하려면 어떻게 해야 해요?
나 열심히 운동해야 해요.

1. 예쁜 옷을 사다, (　　　)
   가 _____?
   나 _____.

2. 책을 보다, (　　　)
   가 _____?
   나 _____.

3. 돈을 찾다, (　　　)
   가 _____?
   나 _____.

4. 요리사가 되다, (　　　)
   가 _____?
   나 _____.

5. 대학교에 가다, (　　　)
   가 _____?
   나 _____.

6. 제주도에 가다, (　　　)
   가 _____?
   나 _____.

문법02 곧장 가면 우체국이에요

V-(으)면 N이다

오른쪽으로 가면 과일 가게예요.
4번 출구로 나오면 버스 정류장이에요.
잠실역에서 내리면 놀이공원이에요.

연습합시다 2   [보기]와 같이 대화를 완성하세요.

보기
가 은행이 어디에 있어요?
나 (똑바로 걸어가다, 은행) 여기에서 똑바로 걸어가면 은행이에요.

① 가 백화점이 어디에 있어요?
　 나 (길을 건너다, 백화점) _____.

② 가 미용실이 어디에 있어요?
　 나 (돌아가다, 미용실) _____.

③ 가 휴대폰 가게에 어떻게 가요?
　 나 (횡단보도를 건너오다, 휴대폰 가게) _____.

④ 가 노래방에 어떻게 가요?
　 나 (육교를 건너가다, 노래방) _____.

⑤ 가 주차장이 어디에 있어요?
　 나 (건물 왼쪽으로 돌아가다, 주차장) _____.

문법03 버스를 타지 말고 지하철을 타세요

V-지 말다 / V-지 말고 V-(으)세요

오늘은 도서관에 가지 맙시다.
여기에서 사진을 찍지 마세요.
날씨가 추우니까 운동을 하지 말까요?

게임을 하지 말고 공부 좀 하세요.
라면을 드시지 말고 밥을 드세요.

	V-지 말다/V-지 말고 V-(으)세요
① 시간이 없다 / 여행 가다	시간이 없으니까 여행 가지 마세요 / 말까요? / 맙시다
② 밤 10시 / 커피를 마시다	
③ 건강에 나쁘다 / 담배를 피우다	
④ 날씨가 춥다 / 치마를 입다	
⑤ 고기를 싫어하다 / 불고기를 만들다	
⑥ 수업 시간이다 / 음식을 먹다	
⑦ 길이 복잡하다 / 버스를 타다	

연습합시다 3-1 [보기]와 같이 써 보세요.

보기
가 버스를 탈까요?
나 시간이 없으니까 버스를 타지 말고 택시를 탑시다.

① 가 주말에 산에 갑시다.
　 나 　　　　　(으)니까 　　　　　지 말고 　　　　　　.

② 가 오늘 냉면 먹으러 가는 게 어때요?
　 나 　　　　　(으)니까 　　　　　지 말고 　　　　　　.

③ 가 마리 씨 생일인데 꽃을 살까요?
　 나 　　　　　(으)니까 　　　　　지 말고 　　　　　　.

④ 가 옷을 사러 백화점에 가려고 해요.
　 나 　　　　　(으)니까 　　　　　지 말고 　　　　　　.

⑤ 가 　　　　　　　　　　　　　　　　　　　　　　　.
　 나 　　　　　(으)니까 　　　　　지 말고 　　　　　　.

연습합시다 3-2   'V-지 마세요'를 사용해서 문장을 완성하세요.

(극장에서)

1. 전화하지 마세요.
2.
3.
4.

(교실에서)

1. 담배 피우지 마세요.
2.
3.
4.
5.

(박물관 안에서)

1.
2.
3.
4.
5.

문법04 지하철로 가면 30분이 걸릴 거예요

N(으)로

아침에 지하철로 학교에 갑니다.
제주도는 고속버스로 갈 수 없어요.
수업 시간에는 한국어로 이야기하세요.
이 연필로 써 보세요.

연습합시다 4 다음 대화를 완성하세요.

① 가 휴대폰으로 무엇을 하세요?

　나 _____.

② 가 밀가루로 무엇을 만들어요?

　나 _____.

③ 가 10만 원으로 무엇을 하고 싶어요?

　나 _____.

④ 가 친구와 어떻게 연락해요?

　나 _____.

읽고 말하기

다음을 읽고 답하세요.

흐엉: 왕홍 씨, 제가 어제 서점에서 책을 샀는데요, 바꿀 수 있을까요?
왕홍: 네, 일주일 안에 가면 바꿀 수 있을 거예요. 그런데 어디에서 책을 샀어요?
흐엉: 광화문역에 있는 교보문고에서 책을 샀는데 바꿔야 해요. 어제는 지하철을 타고 갔는데 오늘은 버스로 가려고 해요. 지하철을 갈아타는 것이 어려워서요.
왕홍: 버스로 가면 시간이 많이 걸릴 것 같은데……. 버스를 타지 말고 지하철로 가세요.
흐엉: 아니에요. 버스를 타고 가고 싶어요. 왕홍 씨, 버스를 타고 교보문고에 가 봤어요?
왕홍: 그럼요.
흐엉: 그러면 사당역에서 교보문고까지 가려면 어떻게 가야 돼요?
왕홍: 사당역에서 502번 버스를 타고 시청에서 내리세요. 그리고 15분쯤 곧장 걸어가면 세종문화회관이 있어요. 거기에서 오른쪽으로 가면 교보문고예요.

1. 흐엉 씨는 왜 서점에 갑니까?
   ① 책을 사려고   ② 책을 읽으려고
   ③ 책을 바꾸려고   ④ 책을 빌리려고

2. 교보문고까지 가려면 어떻게 가야 할까요? 순서대로 쓰세요.
   (　　　) → (　　　) → (　　　) → 교보문고

③ 여러분도 물건을 바꿔 봤어요? 언제 바꿔 봤어요? 왜 바꿨어요?
친구들과 이야기해 봅시다.

④ 서울에서 어디에 가 봤어요? 학교(집)에서 어떻게 가요? 지하철 노선표를 보고 친구와 이야기해 보세요.

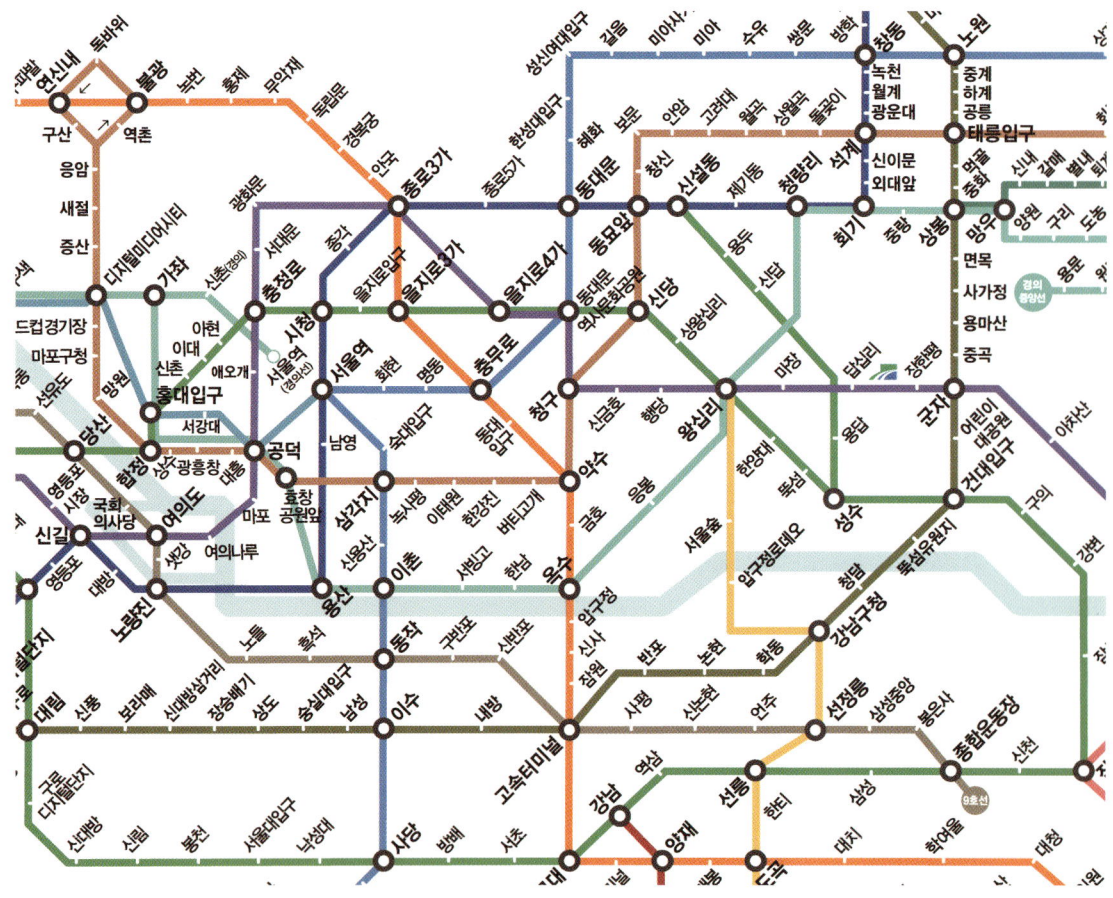

쓰고 말하기
대화문을 만들고 이야기해 보세요.

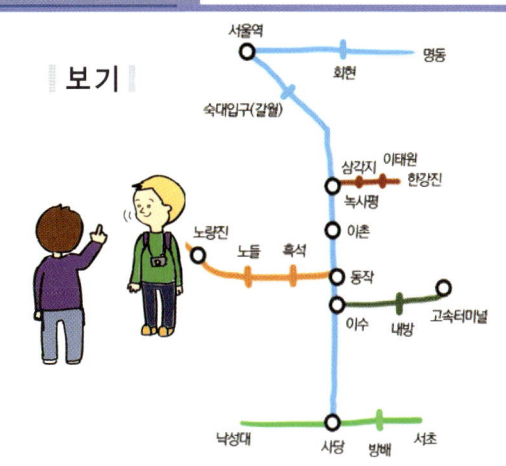

보기

사당역 → 이태원역

가 사당역에서 이태원역에 가려고 해요. 어떻게 가요?

나 사당역에서 4호선을 타고 삼각지역에서 내리세요. 삼각지역에서 6호선으로 갈아타고 이태원역에서 내리면 돼요.

① 사당 → 노량진
가
나

② 서울역 → 고속터미널역
가
나

③ (　　　) → (　　　)
가
나

제7과 지하철로 가면 얼마나 걸립니까? | 85

듣고 말하기
듣고 답하세요.

① 지훈 씨의 집이 어디입니까?

새 단어

신호등
교통
도로
위치
입구
약도

① ㄱ   ② ㄴ   ③ ㄷ   ④ ㄹ

② 여러분의 집은 어떻게 가요? 약도를 그리고 친구에게 이야기해 주세요.

제8과 감기 때문에 집에서 쉬었어요

 Track15

아래 그림을 보고 이야기합시다.

왕 홍 요즘 몸살감기가 유행이에요. 저도 감기 때문에 주말에 집에서 쉬었어요.

지 훈 날씨가 추우니까 조심해야 해요. 지금은 괜찮아졌어요?

왕 홍 아니요. 주말에 쉬었는데 감기가 심해져서 지금 병원에 가려고 해요.

지 훈 따뜻한 물도 많이 마시고 더 쉬세요.

의 사 어디가 안 좋으세요?

왕 홍 감기 때문에 왔어요. 목도 아프고 기침도 해요.

의 사 요즘 몸살감기가 유행이라서 환자들이 많아요. 손을 자주 씻고 쉬면 괜찮아질 거예요.

왕 홍 목이 아파서 음식을 잘 먹을 수 없어요. 그리고 기침을 많이 해서 가슴이 아파요.

의 사 그러면 죽을 드시고, 약을 드릴 테니까 모레 다시 오세요.

왕 홍 네, 알겠습니다. 감사합니다.

새 단어

유행이다	조심하다
심하다	몸살감기
죽	배탈
주사	입원
수술	간호사
스마트폰	추석
유리	그릇
편리하다	세일
기간	국수
생강차	피부

문법 01 | 몸살감기 때문에 쉬었어요

N 때문에

비 때문에 산에 못 가요.
시험 때문에 머리가 자주 아파요.
친구 때문에 기분이 안 좋아요.
일 때문에 바빠서 오늘은 시간이 없어요.

	N 때문에
① 날씨가 안 좋아서 여행을 못 갔어요.	날씨 때문에 여행을 못 갔어요.
② 건강이 안 좋아서 일을 못 했어요.	
③ 감기에 걸려서 못 갈 것 같아요.	
④ 숙제가 많아서 드라마를 안 봤어요.	
⑤ 친구가 와서 숙제를 못 했어요.	

연습합시다 1-1   [보기]와 같이 연결해서 쓰세요.

보기

1. 아르바이트 · · 오늘은 친구들과 놀 수 없어요.

2. 휴대폰 · · 아이들이 병원에 가는 것을 싫어해요.

3. 숙제 · · 집에서 쉴 수 없어요.

   아르바이트 때문에 집에서 쉴 수 없어요.

4. 배탈 · · 찬 음식을 먹을 수 없어요.

5. 주사 · · 병원에 입원해야 해요.

6. 수술 · · 학생들이 공부하지 않아요.

연습합시다 1-2   [보기]와 같이 써 보세요.

보기

 감기 때문에 너무 아파요.

①  _____ 여행을 못 갔어요.

②  _____ 자동차를 살 수 없어요.

③  _____ 울었어요.

④  _____ 잠을 못 잤어요.

문법02 방학이라서 학교에 학생이 없어요

N(이)라서

다음 주가 시험이라서 공부해야 해요.
겨울이라서 눈이 많이 내려요.
이 옷은 제가 좋아하는 옷이라서 자주 입어요.

N(이)라서

① 오늘은 일요일이에요. 그래서 집에서 쉬어요.

② 저는 외국 학생이에요. 그래서 한국어를 배워야 해요.

③ 여기는 미술관이에요. 그래서 사진을 찍을 수 없어요.

④ 백화점이에요. 그래서 비싸요.

⑤ 아이들이 먹는 음식이에요. 그래서 맵지 않으면 좋겠어요.

⑥ 직업이 간호사예요. 그래서 매일 병원에 가요.

연습합시다 2-1 [보기]와 같이 연결해서 쓰세요.

보기

① 주말 • • 조심해야 하다

② 스마트폰 • • 선물을 사야 하다

③ 가수 • • 고향에 가야 하다

④ 친구 생일 • • 사람이 많다

주말이라서 사람이 많아요.

⑤ 추석 • • 아주 편리하다

⑥ 유리 그릇 • • 노래를 잘하다

연습합시다 2-2 '때문에'와 '-(이)라서' 중에서 맞는 것을 골라 문장을 완성하세요.

| 때문에　　　　　-(이)라서 |

① 저는 남자　　　　　　치마를 안 입어요.

② 설날　　　　　　가족들과 함께 아침 식사를 해요.

③ 저는 2급 학생　　　　　　한국어가 좀 어려워요.

④ 가 오늘 길이 아주 복잡해요.
　 나 눈　　　　　　길이 복잡한 것 같아요.

⑤ 가 마리 씨, 무슨 일이 있어요?
　 나 남자 친구　　　　　　울었어요. 기분이 안 좋아요.

⑥ 가 오늘 백화점에 사람이 많군요.
　 나 네, 오늘은 세일 기간　　　　　　사람이 많아요.

문법03 커피나 차가 마시고 싶어요

N(이)나 N

친구에게 편지나 이메일을 보내려고 해요.
토요일이나 일요일에 만나요.

무엇을 드릴까요?
- 국수나 라면을 주세요.

연습합시다 3   [보기]와 같이 써 보세요.

보기
가 시간이 있으면 무엇을 하세요?
나 도서관이나 공원에 가요.

① 가 아침에 뭘 드세요?
　 나 　　　　　　　　　　　　　　　　　　　　.

② 가 학교에 무엇을 타고 와요?
　 나 　　　　　　　　　　　　　　　　　　　　.

③ 가 제 여자 친구 생일인데 무엇을 살까요?
　 나 　　　　　　　　　　　　　　　　　　　　.

④ 가 주말인데 무엇을 할 거예요?
　 나 　　　　　　　　　　　　　　　　　　　　.

⑤ 가 우리 방학에 어디로 여행을 갈까요?
　 나 　　　　　　　　　　　　　　　　　　　　.

문법04 제가 좋아하는 것은 떡볶이예요

A-(으)ㄴ 것 / V-는 것

제가 잘하는 것은 요리예요.

어떤 음식을 먹을까요?
- 매운 것을 먹읍시다.

어떤 드라마를 보고 싶어요?
- 재미있는 것을 보고 싶어요.

연습합시다 4   [보기]와 같이 대화를 완성하세요.

보기
가 무엇을 배우고 싶어요?
나 배우고 싶은 것은 요리예요. (배우다, 요리)

① 가 무엇을 먹고 싶어요?
　 나 _____. (지금 먹고 싶다, 불고기)

② 가 무엇을 싫어해요?
　 나 _____. (내가 싫어하다, 청소)

③ 가 무엇을 못 해요?
　 나 _____. (못 하다, 수영)

④ 가 무엇을 사고 싶어요?
　 나 _____. (사고 싶다, 카메라)

⑤ 가 어떤 옷을 입고 싶어요?
　 나 _____. (입고 싶다, 예쁜 옷)

한걸음 더!

N에 앉다/서다
여기에 앉으세요.
지훈 씨가 의자에 앉았어요.
제 앞에 서세요.
저기에 앉을까요?

N은 N에[에게] 좋다/안 좋다
생강차는 목에 좋아요.
무엇이 건강에 좋을까요?
과일을 많이 먹는 것은 피부에 좋아요.
커피는 아이들에게 좋지 않아요.
담배는 건강에 좋지 않으니까 피우지 마세요.

N이/가 되다, N(으)로 하다
가 불고기가 돼요?
나 네, 됩니다.
가 그러면 불고기로 하겠어요.
가 인삼차가 돼요?
나 아니요, 커피나 주스는 돼요.
가 그러면 커피로 할게요.

※ 대화문을 만들고 이야기해 보세요.

아주머니	어서 오세요. 여기에 앉으세요. 무엇을 드릴까요?
손 님	비빔밥 _____
아주머니	죄송합니다. 오늘은 비빔밥이 _____ 김치찌개 _____ 불고기는 _____
손 님	그러면 _____
아주머니	네, 알겠습니다.

말하기

환자-의사 역할극 / 증세 말하고 치료 방법 조언하기

1 증세와 치료 방법에 대해서 이야기해 보세요.

증세	병원	치료 방법 / 약
소화가 안 되다	내과	소화제
이가 아프다	치과	진통제
손가락을 다치다	정형외과	
	소아과	
	안과	
	이비인후과	
여드름이 나다		
	성형외과	
	산부인과	

2 아래와 같이 의사와 환자가 되어서 이야기해 보세요.

> 의 사 어디가 아프세요?
> 환 자 소화가 안 돼서 왔어요.
> 의 사 언제부터 그랬어요?
> 환 자 어제 저녁부터 소화가 잘 안 되는 것 같아요.
> 의 사 뭘 드셨어요?
> 환 자 고기를 많이 먹었어요.
> 의 사 그럼 소화제를 좀 드릴게요. 그리고 술이나 커피는 드시지 마시고 오늘은 죽을 드세요.
> 환 자 네, 알겠습니다.

> 의 사
> 환 자
> 의 사
> 환 자
> 의 사
> 환 자
> 의 사
> 환 자
> 의 사
> 환 자

새 단어

환자
역할극
증세
치료 방법
조언하다
소화
이
다치다
여드름(이) 나다
내과
치과
정형외과
소아과
안과
이비인후과
성형외과
산부인과
소화제
진통제

듣고 말하기

듣고 답하세요.

1 여기는 어디입니까?

① 학교　　② 식당　　③ 시장　　④ 미용실

새 단어
등
땀
스타일
오래 하다
머리를 감다

2 지금은 몇 월일까요?

① 1월　　② 3월　　③ 7월　　④ 12월

3 머리를 자르는 데 얼마입니까?

① 30,000원　② 25,000원　③ 20,000원　④ 15,000원

이야기해 봅시다

친구와 함께 대화를 만들어 보세요.

미용사 어서 오세요.

손 님 (　　　　　　　　　　)고 싶은데요.

미용사 그러세요? 이리 앉으세요.
　　　　어떤 스타일로 해 드릴까요?

손 님 _____

미용사 _____

제 9 과　제주도로 보내면 얼마인가요?

아래 그림을 보고 이야기합시다.

새 단어

소포	봉투
주소	올려놓다
통	기념품
준비하다	엽서
사무실	부산
서비스	안전벨트
선택하다	토픽 시험
상품	주문하다

에리나　소포를 보내고 싶은데요. 어떻게 해야 해요?
직　원　어디로 보내시나요?
에리나　일본으로 보낼 거예요.
직　원　그러면 먼저 봉투에 주소와 이름을 쓰면 돼요. 무엇을 보내세요? 여기에 올려놓으세요.
에리나　한국 과자와 기념품을 보내려고 해요. 그리고 편지 한 통도 같이 부치려고 해요. 오늘 보내면 언제 도착해요?
직　원　요즘 소포를 보내는 사람이 많기 때문에 시간이 많이 걸려요.
에리나　며칠쯤 걸려요?
직　원　아마 3일쯤 걸릴 거예요.
에리나　네, 알겠습니다.

문법01 몇 시까지 오면 돼요?

V-(으)면 되다

엽서를 보내려면 어디로 가면 돼요?
- 우체국으로 가면 돼요.

한국어를 잘 하려면 어떻게 해야 해요?
- 한국 사람과 많이 만나면 돼요.

무엇을 준비하면 돼요?
- 책과 볼펜을 준비하면 돼요.

학생증을 어디에서 만들 수 있어요?
- 학교 사무실에 가면 돼요.

V-(으)면 되다

① 내일은 학교에 8시까지 오다   내일은 학교에 8시까지 오면 돼요.

② 남성역에 가려면 7호선을 타다

③ 부산에 가려면 고속버스를 타다

④ 숙제는 내일까지 내다

⑤ 한국어 발음이 좋아지려면 CD를 많이 듣다

연습합시다 1 [보기]와 같이 써 보세요.

보기
가 학교에 몇 시까지 와야 해요?
나 (9시) 9시까지 오면 돼요.

① 가 언제 이것을 보내야 해요?
　나 (다음 달)　　　　　　　　　　　　　　　　　.

② 가 언제 고향에 돌아가야 해요?
　나 (내년)　　　　　　　　　　　　　　　　　　.

③ 가 몇 시에 거기에 도착해야 해요?
　나 (5시)　　　　　　　　　　　　　　　　　　.

④ 가 누구에게 전화해야 해요?
　나 (김 선생님)　　　　　　　　　　　　　　　　.

⑤ 가 등산을 가는데 무슨 신발을 신어야 해요?
　나 (　　　　)　　　　　　　　　　　　　　　　.

⑥ 가 바다로 여행을 가는데 뭘 준비할까요?
　나 (　　　　)　　　　　　　　　　　　　　　　.

⑦ 가 싼 옷을 사고 싶은데 어디로 가면 좋아요?
　나 (　　　　)　　　　　　　　　　　　　　　　.

문법02 비싸기 때문에 옷을 못 사요

A/V-기 때문에

비가 오기 때문에 운동을 못해요.
집이 가깝기 때문에 걸어서 갈 수 있어요.
공부를 열심히 했기 때문에 시험을 잘 봤어요.
학교에 늦었기 때문에 서둘렀어요.

A/V-기 때문에

① 공부를 해야 해서 극장에 안 갈 거예요. → 공부를 해야 하기 때문에 극장에 안 갈 거예요.

② 날씨가 추워서 집에서 쉬어요.

③ 배가 아파서 점심을 안 먹을 거예요.

④ 어제 피곤해서 숙제를 못 했어요.

⑤ 지난 주에 눈이 많이 와서 산에 못 갔어요.

⑥ 그 식당은 서비스가 안 좋아서 가고 싶지 않아요.

연습합시다 2   [보기]와 같이 써 보세요.

보기

가 왜 도서관에 가요?
나 (시험이 있다) 시험이 있기 때문에 도서관에 가요.

① 가 왜 식당에 안 가요?
   나 (식사를 하다) _____.

② 가 가방을 왜 안 샀어요?
   나 (비싸다) _____.

③ 가 왜 영화관에 같이 안 가요?
   나 (바쁘다) _____.

④ 가 왜 시험을 못 봤어요?
   나 (공부를 안 하다) _____.

⑤ 가 왜 학교에 못 왔어요?
   나 (감기에 걸리다) _____.

⑥ 가 왜 _____?
   나 _____.

문법03 이것은 무엇인가요?

V-나요? / A-(으)ㄴ가요? / N인가요?

학교에서 무엇을 하나요?
- 한국어를 배워요.

어디에 가나요?
- 친구를 만나러 가요.

한국어가 어려운가요?
- 아뇨, 어렵지 않아요.

불고기가 맛있나요?
- 네, 아주 맛있어요.

그 영화가 재미있나요?
- 그럼요, 아주 재미있어요.

선생님이신가요?
- 네, 선생님이에요.

여기가 한국대학교인가요?
- 네, 한국대학교예요.

안전벨트 하셨나요?
- 네, 했어요.

연습합시다 3-1   [보기]와 같이 대화를 완성하세요.

보기
가 몇 시에 학교에 가나요? (가다)
나 8시 30분에 가요.

① 가 수영을 할 줄 ? (알다)
　 나 네, 수영을 할 줄 알아요.

② 가 운동을 하면 ? (날씬해지다)
　 나 그럼요, 날씬해져요.

③ 가 언제 숙제를 내면 ? (되다)
　 나 내일 숙제를 내면 돼요.

④ 가 한국은 무슨 음식이 ? (유명하다)
　 나 김치가 유명해요.

⑤ 가 토픽 시험이 많이 ? (어렵다)
　 나 네, 어려워요.

⑥ 가 한국어 공부하는 것이 ? (재미있다)
　 나 네, 어렵지만 재미있어요.

⑦ 가 어디로 여행 가는 것이 ? (좋다)
　 나 저는 따뜻한 나라로 가는 것이 좋아요.

⑧ 가 어머니 생신이 ? (몇 월 며칠)
　 나 10월 4일이에요.

⑨ 가 여기가 서울에서 가장 ? (유명한 곳)
　 나 네, 가장 유명한 곳이에요.

연습합시다 3-2
'V-나요? / A-(으)ㄴ가요? / N인가요'를 사용하여 [보기]에서 알맞은 것을 찾아서 쓰세요.

보기 보다   잘해야 하다   좋아하다   맛있다   필요하다   자리

① 가 한국 음식 중에서 무슨 음식이 _____ ?
  나 불고기가 _____ .

② 가 어떤 영화를 자주 _____ ?
  나 재미있는 영화를 자주 _____ .

③ 가 여기는 누구 _____ ?
  나 흐엉 씨 _____ .

④ 가 가수가 되려면 무엇을 _____ ?
  나 노래를 _____ .

⑤ 가 불고기를 만들려면 무엇이 _____ ?
  나 고기와 채소가 _____ .

⑥ 가 친구들 중에서 누구를 가장 _____ ?
  나 에리나 씨를 가장 _____ .

한걸음 더!

먼저 V

제니 씨가 늦으니까 먼저 주문합시다.

저는 집에 가면 먼저 손을 씻어요.

시험지를 받으면 먼저 이름을 쓰세요.

N보다 먼저 V

택시보다 버스가 먼저 왔어요.

학교에 선생님보다 먼저 도착했어요.

읽고 말하기
다음을 읽고 답하세요.

다니엘 씨는 에리나 씨와 삼청동에서 데이트를 하려고 해요. 그런데 다니엘 씨는 전에 삼청동에 가 보지 않아서 지훈 씨에게 물어보려고 전화를 했습니다.

"지훈 씨, 삼청동에 가려면 어떻게 가야 하나요?"
① "삼청동은 무엇이 유명한가요?"
② "지하철 3호선 안국역에서 내려서 걸어가면 돼요. 왜요?"
③ "그렇군요. 요즘 날씨가 좋기 때문에 삼청동에 가면 아주 좋을 거예요."
④ "삼청동에는 예쁜 커피숍이 많아요. 커피숍에서 커피와 와플을 먹어 보세요."
⑤ "주말에 에리나 씨와 가려고 해요."
⑥ "네, 정말 감사합니다."

다니엘 씨와 에리나 씨는 주말에 삼청동에서 밥도 먹고 커피도 마시면서 즐거운 데이트를 할 겁니다.

새 단어

삼청동
와플

1 다음 대화를 순서대로 쓰세요.

(②) ➔ ( ) ➔ ( ) ➔ ( ) ➔ ( ) ➔ (⑥)

2 요즘 삼청동에 가면 왜 좋아요?

3 삼청동에 가려면 어떻게 가야 해요?

4 다니엘 씨와 에리나 씨는 삼청동에서 무엇을 할까요?

듣고 말하기

듣고 답하세요.

① 에리나 씨는 왜 바쁜가요?

새 단어
걱정

② 토픽을 공부하는데 무엇이 제일 어렵나요?

③ 토픽 시험은 언제 보나요?

제10과 한옥에 가 본 적이 있어요?

아래 그림을 보고 이야기합시다.

새 단어

전통	한옥
경험	불편하다
편하다	유럽
이사하다	도움
소파	가구
거실	좁다
외출하다	행복하다
위험하다	부지런하다

지훈   테츠야 씨, 이런 집을 본 적 있어요?

테츠야   아니요, 오늘 처음 봐요. 이게 한국의 전통 집인가요?

지훈   네, 한옥이라고 해요. 아름답지 않아요?

테츠야   네, 정말 아름다워요! 지훈 씨는 한옥에서 살아 봤어요?

지훈   아니요, 저는 살아 본 경험이 없어요. 하지만 할머니 댁이 한옥이라서 방학 동안 며칠 지내 본 적이 있어요.

테츠야   어때요? 아주 좋을 것 같아요.

지훈   좋은 것도 있지만 불편한 것도 있어요.

테츠야   저도 한옥에서 한번 살아 보고 싶어요.

문법 01 한옥에 가 본 적이 있어요?

V-(으)ㄴ 적(이) 있다[없다] / V-아/어 본 적(이) 있다[없다]

한국 영화를 본 적이 있어요?
이사를 해 본 적이 있어요.
고향에서 저 노래를 들은 적이 있어요.
유럽에 가 본 적이 없어요.
비빔밥을 먹어 본 적이 없어요.

V-(으)ㄴ 적(이) 있다[없다]

① 유명한 사람을 만나다   유명한 사람을 만난 적이 있어요 [없어요].

② 하숙집에서 살다

③ 한국 친구에게 도움을 받다

④ 서울에서 운전하다

⑤ 소파에서 자다

⑥ 가구를 만들어 보다

연습합시다 1-1 [보기]와 같이 대화를 완성하세요.

보기
가 제주도에 가 봤어요?
나 네, 가 본 적이 있어요.

① 가 이 책을 읽어 봤어요?
   나 네, _____.

② 가 삼계탕을 먹어 봤어요?
   나 네, _____.

③ 가 한국 전통 음악을 들어 봤어요?
   나 아뇨, _____.

④ 가 러시아어를 배워 봤어요?
   나 아뇨, _____.

⑤ 가 혼자 여행해 봤어요?
   나 _____.

연습합시다 1-2   친구들에게 물어보고, 해 봤으면 O, 안 해 봤으면 X 하세요.

나 　　　　친구

1. 한국에서 운전해 본 적이 있어요?

2. 유명한 사람을 만난 적이 있어요?

3. 남자(여자) 친구를 사귀어 본 적이 있어요?

4. 한국 사람과 이야기해 본 적이 있어요?

5. 바다에서 수영한 적이 있어요?

6. 고향에서 한국어를 배운 적이 있어요?

7. 　　　　　　　 적이 있어요?

문법02 비가 와서 자전거 타기가 안 좋아요

V-기(가) A

한국은 지하철 타기가 편해요.
이 집은 커서 청소하기가 힘들어요.
텔레비전 뉴스는 빨라서 듣기가 어려워요.
도서관은 조용해서 공부하기가 좋아요.
이 책은 단어가 쉬워서 읽기 좋아요.

연습합시다 2-1 [보기]와 같이 문장을 완성하세요.

보기 명동 / 쇼핑하다
→ 명동은 쇼핑하기가 편해요.

맵다   좋다   좁다   어렵다   편하다   힘들다

① 한강 / 자전거를 타다
→   .

② 김치 / 아이들이 먹다
→   .

③ 서울 시내 / 운전하다
→   .

④ 우리 집 거실 / 소파를 놓다
→   .

⑤ 기숙사 / 학교에 다니다
→   .

⑥ 요즘 날씨 / 외출하다
→   .

연습합시다 2-2 친구와 이야기해 보세요.

보기
가 한국 생활이 어때요?
나 한국말을 잘 못해서 생활하기가 불편해요.

① 가 떡볶이 맛이 어때요?
　 나 맛있지만 _____.

② 가 여러분 집이 어때요?
　 나 _____.

③ 가 동대문에서 쇼핑하는 것이 어때요?
　 나 _____.

④ 가 서울 생활이 어때요?
　 나 _____.

⑤ 가 휴대폰이 있으면 무엇이 좋아요?
　 나 _____.

문법03 춥지 않아요?

A/V-지 않아요?

오늘 덥지 않아요?
- 네, 더워요.

시험이 어렵지 않아요?
- 네, 어려워요.

오늘 여행을 가지 않아요?
- 아니요, 여행을 안 가요.

10시까지 가야 하지 않아요?
- 아니요, 12시에 가면 돼요.

연습합시다 3 [보기]와 같이 질문에 답하세요.

보기
가 오늘 날씨가 좋지 않아요?
나 네, 좋아요.

① 가 한국어 공부가 재미있지 않아요?
　 나 _____.

② 가 제주도에 가 보고 싶지 않아요?
　 나 _____.

③ 가 커피 한 잔 마시고 싶지 않아요?
　 나 _____.

④ 가 주말인데 영화 보고 싶지 않아요?
　 나 _____.

⑤ 가 혼자 살면 편하지 않아요?
　 나 _____.

⑥ 가 세계 여행 한번 해 보고 싶지 않아요?
　 나 _____.

한걸음 더!

이런[그런, 저런] N

나는 이런 옷이 좋아요.
저런 것은 위험하니까 하지 마세요.

다니엘 씨는 참 부지런해요.
- 나는 그런 남자가 좋아요.

이렇게[그렇게, 저렇게] A/V

10년 전에는 차가 이렇게 많지 않았어요.
그렇게 열심히 하면 1등을 할 수 있어요.
그렇게 운전하면 위험해요.
에리나 씨가 저렇게 웃으니까 아주 예쁘군요.

읽고 말하기

다음을 읽고 답하세요.

흐엉   서윤 씨, 여행 가기 좋은 곳이 있으면 가르쳐 주세요.

서윤   며칠 동안 여행을 하려고 해요?

흐엉   3일 동안 여행할 거예요.

서윤   부산에 가는 게 어때요?

흐엉   부산요?

서윤   네, 부산에 가면 맛있는 음식을 먹을 수 있고 바다도 구경할 수 있어요.

흐엉   부산에 가면 사람이 많지 않아요?

서윤   지금은 방학이라서 사람이 많을 거예요.

흐엉   다른 곳은 없어요?

서윤   그럼 경주는 어때요? 한국 역사도 배울 수 있고 경치도 아름다워요.

흐엉   경주는 가 본 적이 있어서 가 보지 않은 곳에 가고 싶어요.

서윤   그러면 같이 인터넷으로 찾아 봅시다!

1 무슨 이야기를 하고 있어요?

① 음식   ② 여행   ③ 방학   ④ 한국 역사

2 흐엉 씨는 어떤 곳으로 여행을 가려고 합니까?

① 사람이 많은 곳으로 여행을 가고 싶어요.

② 바다를 볼 수 있는 곳으로 여행을 가고 싶어요.

③ 전에 가 보지 않은 곳으로 여행을 가고 싶어요.

④ 한국 역사를 배울 수 있는 곳으로 여행을 가고 싶어요.

3. 잘 읽고 빈칸에 알맞은 말을 쓰세요.

1.
   | 보기 | **부산**

   무엇이 좋아요? 무엇을 할 수 있어요?
   ① 바다를 구경 하기가 좋은 도시에요.
   ② 맛있는 음식을 먹기가 좋은 곳이에요.

2.
   경주

   무엇이 좋아요? 무엇을 할 수 있어요?
   ① _____
   ② _____

3. 여러분이 여행한 적이 있는 곳에 대해 써 보고 이야기해 보세요.

   (   )

   무엇이 좋아요? 무엇을 할 수 있어요?
   ① _____
   ② _____
   ③ _____

제10과 한옥에 가 본 적이 있어요? | 123

듣고 말하기

듣고 답하세요.

① 민지 씨는 방학에 무엇을 하려고 해요? 쓰세요.

새 단어

해외 여행

② 해외 여행을 아직 해 본 적이 없는 사람은 누구예요?

① 서윤　　② 벤자민　　③ 테츠야　　④ 다니엘

③ 맞으면 O, 틀리면 X 하세요.

① 테츠야는 배를 타고 일본에 가 봤어요.(　　)

② 벤자민은 자기 고향을 민지에게 소개했어요.(　　)

③ 서윤이는 제주도에 간 적이 있는데 아주 좋았어요.(　　)

④ 북경은 다니엘이 생각한 것보다 크지 않았어요.(　　)

제 11 과 인사법에 대해서 알아 오세요

아래 그림을 보고 이야기합시다.

새 단어

인사법	볼을 대다
모으다	어른
허리	고개
숙이다	설날
수업(을 듣다)	
신청서(를 내다)	
신청하다	노약자
양보하다	예약하다
약속 시간	성
국적	감기약
수영복	물안경
예절	흔들다

선생님 오늘은 여러분 나라의 인사법에 대해서 이야기하도록 하겠어요. 벤자민 씨, 프랑스에서는 어떻게 인사를 해요?

벤자민 우리 고향에서는 볼을 대고 인사를 해요. 한국의 인사와 달라요.

선생님 그렇군요. 그럼, 람 씨! 인도의 인사법은 어때요?

람 우리나라에서는 두 손을 모으고 인사를 해요. 선생님, 한국에서는 어떻게 인사를 해요?

선생님 한국에서는 친구와 어른들께 하는 인사가 달라요. 어른을 만나면 "안녕하세요!"라고 말하면서 허리와 고개를 숙여야 돼요. 여러분, 내일까지 다른 나라의 인사법을 알아 오세요.

문법 01 한국에 대해서 잘 알아요

N에 대해(서)

시험에 대해서 설명해 주세요.
한국의 설날에 대해서 알아요?
한국 문화에 대해서 배우고 싶어요.
오늘은 여러분 고향에 대해서 이야기해 봅시다.

연습합시다 1   'N에 대해서'를 사용하여 대화를 완성하세요.

보기   컴퓨터   한국 역사   대학교   배우   문법

① 가 선생님, 제가 어제 감기 때문에 학교에 못 왔어요. 죄송하지만 어제 배운 _____ 다시 한 번 설명해 주시겠어요?
　 나 네, 좋아요.

② 가 컴퓨터를 사고 싶은데, 어디에서 사면 돼요?
　 나 지훈 씨에게 물어보세요. 지훈 씨가 _____ 잘 알고 있어요.

③ 가 지금 뭘 보고 있어요?
　 나 어제 영화에서 본 영화배우가 아주 멋있었어요. 그래서 인터넷으로 그 _____ 찾아보고 있어요.

④ 가 왕홍 씨, 요즘 무엇을 공부하고 있어요?
　 나 저는 _____ 알고 싶어서 역사 수업을 듣고 있어요.

⑤ 가 서윤 씨, 좀 물어보고 싶은 것이 있는데, 시간 있어요?
　 나 네, 뭔데요?
　 가 한국 _____ 물어보려고 해요.

문법02 교실에서 한국어를 말하도록 하세요

V-도록 하다

그 일은 제가 하도록 하겠습니다.
부모님 말씀을 잘 듣도록 하겠습니다.
노약자에게 자리를 양보하도록 합시다.
다음 주까지 기숙사 신청서를 내도록 하세요.

V-도록 하다

① 한국어를 잘하려면 책을 많이 읽으세요. 한국어를 잘하려면 책을 많이 읽도록 하세요.

② 배가 아프면 이 약을 드세요.

③ 다음 주까지 학생증을 신청하세요.

④ 12시까지 10분 정도 쉴까요?

⑤ 잘 모르면 선생님께 전화합시다!

⑥ 감기가 유행이니까 조심합시다!

⑦ 10시에 출발하겠습니다. 10시에 출발하도록 하겠습니다.

⑧ 내일부터 일찍 일어나겠습니다.

⑨ 지금부터 수업을 시작하겠습니다.

⑩ 주말까지 숙제를 끝내겠습니다.

연습합시다 2   'V-도록 하다'를 사용하여 대화를 완성하세요.

보기   조심하다   먹다   준비하다   오다   가 보다

① **가** 선생님! 내일 몇 시까지 학교에 와야 해요?
　 나 9시까지 　　　　　　　　　　　　　　　　　　　.

② **가** 이 약을 하루에 몇 번 먹어요?
　 나 하루에 세 번 식사 후에 　　　　　　　　　　　　.

③ **가** 내일은 수업 시간에 불고기를 만들 거예요.
　　　 우리 같이 음식을 　　　　　　　　　　　　　　　.
　 나 네, 알겠습니다.

④ **가** 이렇게 늦은 시간까지 피아노를 치면 어떻게 해요?
　 나 죄송합니다. 　　　　　　　　　　　　　　　　　.

⑤ **가** 마이클 씨가 감기 때문에 병원에 입원했어요.
　 나 그럼 우리 같이 병원에 　　　　　　　　　　　　.

문법03 고개를 숙여서 인사해야 돼요

V-아야/어야 되다

12시까지 집에 돌아가야 돼요.
다음 주까지 숙제를 모두 끝내야 됩니다.
방학에 여행을 가려면 빨리 예약해야 돼요.
내일이 시험이라서 오늘은 도서관에 가야 돼요.

연습합시다 3 'V-아야/어야 되다'를 사용하여 대화를 완성하세요.

| 보기 | 타다   가다   출발하다   공부하다   먹다   나가다 |

① 가 컴퓨터 게임을 할까요?
   나 미안해요. 내일 시험이 있어서 _____.

② 가 우리 어떻게 갈까요?
   나 약속 시간에 늦었으니까 택시를 _____.

③ 가 아직 시간이 있으니까 한 시간 후에 출발합시다!
   나 지하철역까지 좀 멀기 때문에 지금 _____.

④ 가 토요일에 놀이공원에 갑시다.
   나 고향에서 부모님이 오셔서 공항에 _____.

⑤ 가 감기약은 언제 먹어요?
   나 밥을 먼저 먹고 30분 후에 _____.

문법04 다른 나라의 인사법을 알아 오세요

과일을 사요.

과일을 사 가요.

V-아/어 가다[오다]

이 숙제는 다음 주까지 해 오세요.
시장에 가서 과일 좀 사 갈까요?
저는 김치에 대해서 조사해 오겠습니다.
친구 생일에 케이크를 만들어 갈 거예요.
여기에 성과 이름, 국적과 주소를 써 오면 돼요.
여행을 가서 사진을 많이 찍어 오세요.

연습합시다 4 'V-아/어 가다[오다]'를 사용하여 대화를 완성하세요.

| 보기 | 바꾸다   빌리다   준비하다   알다   사다   쓰다 |

① 가 내일 수영장에 가는데 무엇이 필요해요?
  나 수영복과 물안경을   .

② 가 선생님 댁에 가는데 무엇을 살까요?
  나 과일을   .

③ 가 어제 산 바지가 너무 커서 입을 수 없어요.
  나 그러면 다시 백화점에 가서   .

④ 가 숙제를 해야 하는데 책이 없어요. 어떡하지요?
  나 걱정하지 마세요. 도서관에 가서   .

⑤ 가 주말에 시간 있으면 같이 제주도에 갈까요?
  나 좋아요. 그럼 제가 비행기 시간과 표 값을   .

⑥ 가 선생님, 숙제가 뭐예요?
  나 내일까지 한국 생활에 대해서   .

세계의 인사법

프랑스

뉴질랜드 마오리족

네팔

이스라엘

〈이야기해 봅시다〉

(   )
나라이름

1. 여러분 나라의 인사법에 대해서 이야기해 봅시다.

인사법 그리기

2. 한국의 인사 예절에 대해서 알아봅시다.

　예) 한국에서는 어른에게 손을 흔들면 안 돼요. 고개를 숙여서 인사해야 해요.

읽고 말하기   다음을 읽고 답하세요.

흐엉 안녕하세요? 민지 씨. 방학동안 잘 지냈어요?
민지 네, 잘 지냈어요. 흐엉 씨는 그동안 어떻게 지냈어요?
흐엉 저도 잘 지냈어요. 방학에 고향에 다녀왔어요.
민지 고향에 다녀왔군요. 오랜만에 부모님을 만나니까 좋았지요?
흐엉 네, 부모님이 건강하셔서 기분이 좋았어요.
민지 가족들과 즐거웠어요?
흐엉 그럼요. 어머니께서 제가 좋아하는 음식을 많이 만들어 주셨어요. 가족들과 이야기도 많이 하고 여행도 갔다 왔어요.
민지 정말 좋았겠군요.
흐엉 네, 다음 방학에는 부모님께서 한국으로 여행을 오실 거예요.
민지 그래요? 부모님이 오시면 흐엉 씨가 한국의 맛있는 음식도 사 드리고 좋은 곳도 안내해 드리세요.
흐엉 네, 그래야지요.
민지 흐엉 씨 고향에 대해서 더 듣고 싶은데 지금 수업이 있어서 가야 해요.
흐엉 다음에 또 이야기해요. 그럼, 안녕히 가세요.
민지 네, 흐엉 씨, 안녕히 계세요. 오늘 즐거웠어요.

새 단어

다녀오다

① 두 사람의 대화에서 인사말을 찾아 보세요.

② 흐엉은 방학에 무엇을 했습니까?

③ 흐엉과 민지는 어디에서 이야기하고 있을까요?
　　① 학교　　② 흐엉의 집　　③ 민지의 집

 **듣고 말하기** 듣고 답하세요.

① 마이클 씨는 왜 전화했습니까?

① 등록금을 내고 싶어서
② 한국어를 배우고 싶어서
③ 아르바이트를 하고 싶어서
④ 미국에 전화하고 싶어서

새 단어

등록금을 내다

② 들은 내용과 맞지 않는 것은 무엇입니까?

① 여권을 준비해서 가야 합니다.
② 한국어학당은 6시까지 합니다.
③ 내일까지 등록금을 준비해 가야 됩니다.
④ 마이클 씨는 미국에서 한국어를 배웠습니다.

③ 마이클 씨가 한국어학당에 등록하려면 무엇이 필요합니까? 쓰세요.

① _____
② _____
③ _____

제12과 돈을 바꾸려고 왔는데요

아래 그림을 보고 이야기합시다.

새 단어

환율	달러
잠깐만	-짜리
한복	인사동
통장	기억하다
요금	연세
발표	순서
관계	언니
배부르다	끓이다
지폐	

직 원　무엇을 도와 드릴까요?

다니엘　돈을 바꾸려고 왔는데요. 오늘 환율이 어떻게 됩니까?

직 원　1달러에 1,200원입니다. 얼마를 바꿔 드릴까요?

다니엘　300달러를 바꿔 주실래요?

직 원　네, 알겠습니다. 잠깐만 기다려 주세요.

･････････････････････････････････････

직 원　모두 360,000원입니다. 얼마짜리로 드릴까요?

다니엘　30만 원은 5만 원짜리로, 6만 원은 만 원짜리로 주세요.

직 원　여기 있습니다.

다니엘　감사합니다.

문법01 시험공부하려고 도서관에 가요

V-(으)려고 V

한복을 사려고 인사동에 갔어요.
통장을 만들려고 왔는데 뭐가 필요해요?
단어를 잘 기억하려고 공책에 써요.
건강해지려고 요즘 운동을 해요.
같이 영화를 보려고 친구를 만날 거예요.
책을 빌리려고 도서관에 가는데 같이 가겠어요?

가 주말인데 왜 학교에 가요?
나 시험공부하려고 도서관에 가요.

	V-(으)려고 V
① 여자 친구에게 주다 / 꽃을 사다	여자 친구에게 주려고 꽃을 샀어요.
② 한국어를 배우다 / 한국에 오다	
③ 어머니께 드리다 / 편지를 쓰다	
④ 불고기를 만들다 / 고기를 사다	
⑤ 역사책을 사다 / 서점에 가다	
⑥ 김 선생님을 만나다 / 1시간 동안 기다리다	
⑦ 내일 일찍 일어나다 / 일찍 자다	
⑧ 사진을 찍다 / 화장을 하다	

연습합시다 1   'V-(으)려고 V'를 사용하여 대화를 완성하세요.

❶
가 왜 한국에 왔어요?
나 _____.

❷
가 왜 케이크를 샀어요?
나 _____.

❸
가 어떻게 오셨어요?
나 _____.

❹
가 어디에 가요?
나 _____.

❺
가 지금 어디에 있어요?
나 _____.

문법02 성함이 어떻게 되십니까?

N이/가 어떻게 됩니까?

비행기 요금이 어떻게 됩니까?
도착 시간이 어떻게 되나요?
그 친구의 전화번호가 어떻게 되지요?
죄송하지만, 연세가 어떻게 되세요?
말하기 발표 순서가 어떻게 되지요?
두 분의 관계가 어떻게 되세요?

연습합시다 2 'N이/가 어떻게 되다'를 사용해서 질문을 완성하세요.

1 가 ?
나 595-1234번이에요.

2 가 ?
나 최수진 선생님이세요.

3 가 ?
나 모두 83,000원입니다.

4 가 ?
나 인천 공항에 12시 30분에 도착할 거예요.

5 가 ?
나 서울시 동작구 사당로 143번지입니다.

6 가 ?
나 언니 1명하고 동생 1명이 있어요.

문법03 달러를 바꿔 주실래요?

V-(으)ㄹ래요?/V-(으)ㄹ래요

에리나 씨, 무엇을 마실래요?
- 저는 녹차를 마실래요.

뭘 드릴까요?
- 커피 한 잔 주실래요?

라면을 끓이려고 하는데 먹을래요?
- 저는 배불러서 안 먹을게요.

영화 표가 두 장 있는데 같이 갈래요?
- 네, 좋아요. 같이 갈래요.

언제 점심을 먹을래요?
- 1시에 먹읍시다.

백화점에 가서 쇼핑하려고 하는데 같이 갈래요?
- 아니요, 안 갈래요. 오늘은 좀 피곤해요.

V-(으)ㄹ래요?/V-(으)ㄹ래요

① 이 치마를 사다 / 네   이 치마를 살래요? / 네, 살래요.

② 같이 걷다 / 네

③ 커피를 마시다 / 아니요

④ 주말에 산에 가다 / 아니요

⑤ 한강에서 자전거 타다 / 아니요

연습합시다 3   'V-(으)ㄹ래요'를 사용해서 대화를 완성하세요.

① 가 시간이 있으면 같이 음악을 _____?
   나 네, 같이 들어요.

② 가 저는 비빔밥을 _____. 지훈 씨는요?
   나 저도 같은 것을 _____.

③ 가 지금 커피 마시려고 하는데 선생님도 커피를 _____?
   나 아니에요, 저는 괜찮아요. 고마워요.

④ 가 주말에 친구들과 남대문 시장에 가려고 하는데 같이 _____?
   나 아니요, 저는 _____. 주말에는 좀 쉬고 싶어요.

⑤ 가 다음 달에 방학을 하면 같이 경주에 _____?
   나 미안해요. _____.

한걸음 더!

N은/는

한국어는 잘하는데 영어는 잘 못해요.
선물은 샀는데 케이크는 준비 못 했어요.
지금 한국은 추운데 호주는 더워요.

N짜리

백 원짜리 두 개 있어요?
천 원짜리 있으면 한 장만 빌려주세요.
만 원짜리 다섯 장으로 바꾸고 싶어요.
10원 짜리 동전이 제일 작아요.
5만 원짜리 지폐 있는 사람은 누구입니까?

읽고 말하기   다음을 읽고 답하세요.

가 어서 오세요.

나 꽃을 좀 사려고 왔는데요.

가 아, 네. 지금은 5월이라서 꽃이 아주 많고 예뻐요. 누구에게 주시려고요?

① 장미는 가격이 어떻게 되나요?
② 그러면 장미가 어떠세요? 장미의 뜻은 '사랑'이니까요.
③ 여자 친구에게 주려고요. 오늘이 여자 친구 생일인데, 꽃을 아주 좋아해요.
④ 색이 다르면 가격도 달라요. 이것은 한 송이에 1500원이고, 저것은 1000원이에요.

나 그럼 1500원짜리는 10송이, 1000원짜리는 20송이를 포장해 주실래요?

가 네, 알겠습니다. 잠깐만 기다려 주세요.

새 단어
내다
포장하다

① ① ~ ④를 대화 순서에 맞게 번호를 쓰세요.

(   ) → (   ) → (   ) → (   )

② 이 사람은 왜 꽃을 사려고 왔습니까?

_____

③ 이 사람은 무슨 꽃을 샀습니까? 그 꽃의 뜻은 무엇입니까?

(   ), (   )

④ 이 사람은 모두 얼마를 내야 합니까?

_____

 듣고 말하기   듣고 답하세요.

① 여행을 갈 수 있는 사람은 누구입니까?

② 갈 수 없는 사람의 이름과 그 이유를 쓰세요.

	누구입니까?	그 이유는 무엇입니까?
①		
②		

제 13 과 제주도에 갈 건가요?

Track25

아래 그림을 보고 이야기합시다.

새 단어

별로	귤
흑돼지	한라산
외롭다	휴가
태풍	힘들다
어리다	연휴
지방	올라오다
수건	지도
계획(을 세우다)	
별	

서윤: 어제 텔레비전에서 제주도를 봤어요.
왕홍: 저도 제주도에 대해서 많이 들었어요.
서윤: 텔레비전에서 본 바다가 정말 아름다웠어요. 그래서 또 가려고요.
왕홍: 언제 갈 건가요?
서윤: 방학하면 갈 거예요.
왕홍: 그런데 겨울에 가면 추울 거예요.
서윤: 제주도는 겨울에 별로 춥지 않아요. 서울보다 따뜻해요.
왕홍: 그렇군요. 그런데 제주도는 무엇이 유명해요?
서윤: 귤이 유명해요. 그리고 흑돼지도 유명해요.
왕홍: 제주도에 한라산이 있지요? 한라산에도 갈 건가요?
서윤: 네, 꼭 가려고요. 한라산은 아름답기 때문에 사람들이 많이 가요.

문법01 김치를 먹으면 아주 매울 거예요

A/V-(으)면 A/V-(으)ㄹ 거예요

외국에 가면 가족이 보고 싶을 거예요.
열심히 공부하면 3단계에 갈 수 있을 거예요.

A/V-았/었을 거예요

지금 8시니까 부산에 도착했을 거예요.
부모님이 오셔서 공항에 갔을 거예요.
3년 동안 혼자 살아서 많이 외로웠을 거예요.

지훈 씨가 오늘 집에 있지요?
- 아니요, 휴가라서 여행을 갔을 거예요.

A/V-(으)면 A/V-(으)ㄹ 거예요

① 봄에 제주도에 가다 / 아주 아름답다 → 봄에 제주도에 가면 아주 아름다울 거예요.

② 날씨가 춥다 / 등산을 안 가다

③ 태풍이 오다 / 비가 많이 오다

④ 사무실에서 기다리다 / 김 선생님을 만날 수 있다

⑤ 여자 친구에게 꽃을 주다 / 여자 친구가 좋아하다

A/V-았/었을 거예요

① 어제 아르바이트를 하다 / (어제) 피곤하다 → 어제 아르바이트를 해서 피곤했을 거예요.

② 나이가 어리다 / 그 영화를 못 보다

③ 며칠 동안 잠을 못 자다 / 힘들다

④ 시험이 있다 / 도서관에 가다

⑤ 연휴가 끝나다 / 지방에서 올라오다

연습합시다 1 [보기]와 같이 쓰세요.

건강해지다   시원해지다   감기에 걸리다   슬프다
잠을 못 자다   한국말을 잘 하게 되다

보기   여행을 가다/ 기분이 좋다 → 바다로 여행을 가면 기분이 좋을 거예요.

1. 매일 운동을 하다 /
   → .

2. 한국 친구를 사귀다 /
   → .

3. 여름이 가고 가을이 오다 /
   → .

4. 저녁에 커피를 많이 마시다 /
   → .

5. 여자 친구와 헤어지다 /
   → .

6. 날씨가 추운데 밖에서 놀다 /
   → .

문법02 친구를 만날 건가요?

V-(으)ㄹ 건가요?

태권도를 배울 건가요?
오후에 친구를 만날 건가요?
언제 우리나라에 올 건가요?
백화점에서 옷을 살 건가요?

시청역에서 내릴 건가요?
- 네, 시청역에서 내릴 거예요.

V-(으)ㄹ 건가요?

① 주말에 도서관에 갈 거예요?   주말에 도서관에 갈 건가요?

② 다음 주에 인천에 있을 거예요?

③ 마트에서 수건을 살 거예요?

④ 역사책을 사러 서점에 갈 거예요?

⑤ 저녁에 무슨 음식을 만들 거예요?

⑥ 날씨가 추운데 공원을 걸을 거예요?

연습합시다 2   [보기]와 같이 대화를 완성하세요.

보기
가 이것을 살 건가요? (이것을 사다)
나 네, 이것을 살 거예요.

① 가 _____? (지금 씻다)
　 나 네, _____.

② 가 _____? (설렁탕으로 하다)
　 나 네, _____.

③ 가 _____? (새 옷을 사다)
　 나 아니요, _____.

④ 가 _____? (생일 파티에 오다)
　 나 아니요, _____.

⑤ 가 _____? (3층으로 올라가다)
　 나 _____.

⑥ 가 _____? (　　　　　)
　 나 _____.

문법03 별로 춥지 않아요

별로 A/V-지 않다

오늘은 별로 덥지 않아요.
제 방은 별로 넓지 않아요.
주말에 별로 공부하지 않았어요.
가방이 별로 비싸지 않아서 샀어요.
오늘은 날씨가 흐려서 별이 별로 많지 않아요.

연습합시다 3   [보기]와 같이 대화를 완성하세요.

보기
가 그 가방이 비싸요?
나 아니요, 별로 비싸지 않아요.

① 가 마리 씨, 요리 잘해요?
　 나 아니요,   .

② 가 그 식당 음식이 맛있어요?
　 나 아니요,   .

③ 가 왕홍 씨 여자 친구는 키가 커요?
　 나 아니요,   .

④ 가 친구에게 자주 연락을 해요?
　 나 아니요,   .

⑤ 가 수요일에 바빠요?
　 나 아니요,   .

⑥ 가   ?
　 나 아니요,   .

문법 04 날씨가 추워요. 눈도 오고요

N도 A/V-고요

저는 명동에서 치마를 샀어요. 티셔츠도 사고요.
친구 생일이라서 식당에 가요. 노래방도 가고요.

내일 뭐 할 거예요?
- 영화를 볼 거예요. 쇼핑도 하고요.

연습합시다 4   'N도 A/V-고요'를 사용하여 대화를 완성하세요.

보기
가 어제 뭐 했어요?
나 영화를 봤어요. 옷도 사고요.

① 가 주말에 친구들과 뭐 해요?
　 나 _____.

② 가 시험이 끝나면 뭐 할 거예요?
　 나 _____.

③ 가 방학에 어디에 갈 건가요?
　 나 _____.

④ 가 주말에 누구를 만날 거예요?
　 나 _____.

⑤ 가 같은 반에 어느 나라 사람이 있어요?
　 나 _____.

⑥ 가 한국에서 어디에 가 봤어요?
　 나 _____.

읽고 말하기
다음을 읽고 답하세요.

혼자 하는 부산 여행

지난주 금요일부터 2박 3일 동안 부산에 다녀왔습니다. 금요일 저녁 6시 비행기를 타고 7시에 부산에 도착했습니다. 먼저 호텔에 가서 가방을 놓고 밖으로 나왔습니다. 그리고 저녁 식사를 했습니다. 그리고 토요일 아침 9시에 일어나서 아침 식사를 하고 자전거를 타면서 구경했습니다. 12시쯤에 국제 시장에 도착했습니다. 여러 가지 유명한 특산품을 볼 수 있었습니다. 다시 자전거를 타고 밥을 먹으러 식당에 갔습니다. 밥을 먹고 바다를 구경했습니다. 그리고 일요일 새벽 5시에 일어나서 해돋이를 보려고 해운대로 갔습니다. 해운대는 아주 아름다웠습니다. 혼자 여행을 하니까 조금 심심했지만 재미있었습니다. 다음에는 친구들과 함께 부산에 가고 싶습니다.

새 단어
놓다
쯤
2박 3일
국제 시장
특산품
해돋이
심심하다

❶ 3일 동안 무엇을 했는지 찾아 써 보세요.

금	토	일
· 부산에 7시에 도착 · · ·	· · · ·	· · · ·

❷ 여러분은 혼자 여행을 간 적이 있어요?
언제 어디로 여행을 갔는지 친구와 이야기해 보세요.

듣고 말하기 듣고 답하세요.

① 들은 내용과 같은 것을 고르세요.

① 어제도 춥고 오늘도 추워요.
② 제인 씨는 자전거를 잘 타요.
③ 유람선 안에서 야경을 볼 수 없어요.
④ 두 사람은 한강에 가서 자전거를 탈 거예요.

새 단어

유람선

② 한강에서 할 수 있는 것은 무엇입니까? 모두 고르세요.

① 배를 탈 수 있어요.
② 자동차를 탈 수 있어요.
③ 서울 구경을 할 수 있어요.
④ 야경을 보면서 식사를 할 수 있어요.

③ 듣고 빈칸을 채우세요.

> 두 사람은 (①) 한강에 가서 자전거를 타고 저녁을 먹을 거예요.
> 저녁은 (②)에서 먹을 거예요.
> 저녁을 먹으면서 (③)을/를 보면 정말 좋을 것 같아요.

제14과 친구와 이야기하고 나서 오겠습니다

아래 그림을 보고 이야기합시다.

새 단어

예매하다	왕복
취소하다	단어
스케이트	빨래
새벽	무척
곧	환전
보통	잠이 오다
테니스(를 치다)	
약속을 정하다	

직 원   어떻게 오셨습니까?
손 님   비행기 표를 예약하려고 왔어요.
직 원   어디로 가는 표를 예약하실 거예요?
손 님   제주도요. 왕복표로 2장 예약해 주세요.
직 원   네, 언제 출발하실 거예요?
손 님   14일 화요일 아침에 출발하거나 저녁에 출발하는 표가 있어요?
직 원   아침에 출발하는 표가 있습니다. 예약하시겠어요?
손 님   네, 예약해 주세요.

....

직 원   죄송합니다. 제가 잘못 봤어요. 14일에 출발하는 표가 없어요.
손 님   그래요?
직 원   네, 방학이라서 그래요. 사람들이 여행을 많이 가니까요.
손 님   음……. 그러면 친구와 이야기하고 나서 다시 오겠습니다.

문법01 밥을 먹고 나서 커피를 마셔요

V-고 나서

버스가 출발하고 나서 손님들이 왔어요.
숙제를 하고 나서 컴퓨터로 영화를 봤어요.
저는 보통 복습을 하고 나서 숙제를 해요.
내일 공연을 보고 나서 친구와 저녁을 먹을 거예요.

V-고 나서

① 손을 씻다 / 밥을 먹다   손을 씻고 나서 밥을 먹어요.

② 수업이 끝나다 / 학생들이 밖으로 나가다

③ (내일) 영화를 보다 / 술을 마시다

④ (어제) 친구를 만나다 / 도서관에서 공부하다

⑤ (이번 주말) 일찍 밥을 먹다 / 등산을 가다

⑥ 일요일에 집에서 청소를 하다 / 빨래를 하다

연습합시다 1   'V-고 나서'를 사용해서 [보기]와 같이 문장을 만드세요.

보기   쇼핑을 하고 나서 떡볶이를 먹었어요.

① 어제 점심을 먹고 나서 _____.

② 어머니께 돈을 받고 나서 _____.

③ 비가 오기 때문에 여행을 취소하고 나서 _____.

④ 우리 반 친구들과 _____ 만납시다.

⑤ 저는 시험공부를 할 때 먼저 _____.

문법02 주말에는 영화를 보거나 쉬어요

V-거나 V

아침에 빵을 먹거나 밥을 먹어요.
공원에 가면 자전거를 타거나 스케이트를 타지요.
친구들과 같이 농구를 하거나 축구를 하고 싶어요.

V-거나 V

주말에 친구를 만나거나 집에서 게임을 해요.

① 주말에 친구를 만나다 / 집에서 게임을 하다

② 시험이 끝나면 친구들과 술을 마시다 / 여행을 가다

③ 감기에 걸리면 따뜻한 물을 마시다 / 잠을 많이 자다

④ 시간이 있으면 사진을 찍다 / 공연을 보러 가다

⑤ 저녁 식사는 집에서 만들어서 먹다 / 식당에 가서 먹다

⑥ 잠이 오면 커피를 마시다 / 운동을 하다

연습합시다 2 'V-거나 V'를 사용하여 대화를 완성하세요.

① 가 점심에 무엇을 먹을까요?
　 나 _____.

② 가 생일에 무엇을 하세요?
　 나 _____.

③ 가 여자 친구를 만나면 무엇을 하고 싶어요?
　 나 _____.

④ 가 기분이 안 좋으면 무엇을 하세요?
　 나 _____.

⑤ 가 가족이 보고 싶으면 무엇을 해요?
　 나 _____.

⑥ 가 시간이 많으면 어디로 여행을 가고 싶어요?
　 나 _____.

문법03 버스를 잘못 타서 내려야 해요

잘못 V / 잘 못 V

버스를 잘못 탔어요.
전화를 잘못 걸었어요.
전화번호를 잘못 봤어요.
책을 잘못 읽었어요. 다시 읽으세요.

수영을 잘 하세요?
- 아니요, 저는 잘 못해요.

불고기를 만들 수 있어요?
- 불고기를 만들 수 있지만 잘 못 만들어요.

우리 테니스를 칠까요?
- 테니스를 배웠지만 잘 못 쳐요.

연습합시다 3 [보기]와 같이 대화를 완성하세요.

보기
가 여보세요. 거기 지훈 씨 집이지요?
나 아닌데요. 전화를 잘못 거셨어요.
가 그래요? 미안합니다.

① 가 제니 씨 안녕하세요.
　 나 네? 저는 제니가 아니에요.
　 가 죄송합니다. 제가 _____.

② 가 영화 표를 예매했어요?
　 나 네, 했어요. 그런데 제가 영화 시간을 _____.
　　 7시 30분에 시작하는 영화를 예매했어요.

③ 가 미안해요. 또 늦었어요.
　 나 오늘은 왜 늦었어요?
　 가 3번 버스를 타야 하는데 _____.

④ 가 오늘 수업 끝나면 병원에 가려고 해요.
　 나 왜요?
　 가 어제 음식을 _____ 배가 너무 아파요.

문법 04 방학이라서 그래요

A/V-아서/어서 그래요 / N(이)라서 그래요

지훈 씨, 피곤한 것 같아요.
- 어제 새벽까지 일을 해서 그래요.

교실이 추워요.
- 창문을 열어서 그래요.

피아노를 무척 잘 치는군요!
- 오랫동안 배워서 그래요.

이렇게 늦게까지 공부를 해요?
- 곧 시험이라서 그래요.

연습합시다 4 'A/V-아서/어서 그래요', 'N(이)라서 그래요'를 사용하여 대화를 완성하세요.

①
가 지훈 씨, 오늘 아픈 것 같아요.
나 _____.

②
가 제니 씨, 오늘 아주 예쁜 것 같아요.
나 _____.

③
가 사람이 너무 많아요.
나 _____.

④
가 수업이 끝나고 쇼핑하러 갈까요?
나 못 가요.
가 왜요?
나 _____.

한걸음 더!

됐습니다

모두 일본 돈으로 환전해 주세요.
→ 네, 다 됐습니다.

여덟 시 반 영화 표 두 장을 예매해 주세요.
→ 네, 됐습니다.

그럼요

한국에 가 본 적이 있어요?
→ 그럼요.

이 사전 좀 빌려도 돼요?
→ 그럼요.

읽고 말하기 다음을 읽고 답하세요.

흐엉 씨의 하루

저는 어제 수업 끝나고 집에 왔어요. 보통 집에 와서 밥을 먹거나 학교 식당에서 먹는데 어제는 집에서 샌드위치를 먹었어요.

샌드위치를 먹고 나서 친구를 만나러 갔어요. 그런데 지하철을 잘못 타서 약속 시간에 늦었어요.

친구와 같이 백화점에서 쇼핑을 하고 나서 서점에 갔어요. 큰 서점이라서 책이 정말 많았어요. 한국어 책을 사고 나서 식당에 갔어요. 한식을 먹고 싶어서 비빔밥을 먹었어요.

저녁에 집에 돌아온 후에 숙제를 하고 나서 컴퓨터 게임을 했어요.

새 단어
하루
샌드위치
한식

① 흐엉 씨는 어제 어디에 갔어요? 장소를 순서대로 써 보세요.

(집) → ( ) → ( ) → ( )

② 다음을 읽고 글의 내용과 다른 것을 고르세요.
① 점심을 매일 학교 식당에서 먹어요.
② 친구를 만나고 나서 같이 쇼핑을 했어요.
③ 책이 많은 서점에서 한국어 책을 샀어요.
④ 저녁에 숙제도 하고 컴퓨터 게임도 했어요.

③ 'V-고 나서'를 사용해서 위와 같이 여러분의 하루를 쓰고 이야기해 봅시다.

〈나의 하루〉

저는 어제

듣고 말하기

듣고 답하세요.

새 단어

여행사

❶ 듣고 순서대로 쓰세요.

① [한국은행] ② [여행사]

③ [두 사람] ④ [MART]

(　　) → (　　) → (　　) → (　　)

❷ 듣고 빈칸을 채우세요.

왕홍 씨와 제니 씨는 (① 　　　)에 여행을 갈 거예요. 두 사람은
여행사에 가서 비행기 표를 (② 　　　)하고 마트에 갈 거예요.
마트에 가서 (③ 　　　)을/를 사고 은행에 갈 거예요.
은행에서 (④ 　　　)을/를 해야 해요.

제15과 내가 가져올 테니까 기다리세요

아래 그림을 보고 이야기합시다.

새 단어

벌써	경주
터미널	안내소
특별히	불국사
첨성대	절
추억	바람
샴푸	소리
로션	열차

흐엉: 벌써 경주 터미널에 도착했군요! 어디부터 갈까요?
에리나: 지도가 있으면 좋겠는데…….
흐엉: 저기 안내소가 있네요! 내가 지도를 가져올 테니까 잠깐만 기다리세요.

흐엉: 여기 있어요. 한번 볼까요?
에리나: 흐엉 씨는 경주에서 특별히 가 보고 싶은 곳이 있나요?
흐엉: 먼저 경주에서 제일 유명한 곳에 가고 싶어요.
에리나: 그럼 불국사부터 가요. 불국사는 아주 유명한 절이에요. 저는 불국사에 꼭 가 보고 싶었어요.
흐엉: 좋아요. 그런데 배가 고프네요.
에리나: 그럼 밥부터 먹읍시다. 그리고 첨성대가 가까우니까 불국사에 가기 전에 먼저 첨성대를 봐요.
흐엉: 좋아요. 이번 여행은 좋은 추억이 될 것 같아요.

문법01 칠판에 이름을 크게 쓰세요

A-게

좋다	→	좋게	크다	→	크게
쉽다	→	쉽게	작다	→	작게
늦다	→	늦게	맛있다	→	맛있게
싸다	→	싸게	맛없다	→	맛없게
비싸다	→	비싸게	재미있다	→	재미있게
짧다	→	짧게	재미없다	→	재미없게
길다	→	길게	정확하다	→	정확하게

수업에 늦게 가면 안 돼요.
그 영화를 아주 재미있게 봤어요.
이 옷을 명동에서 아주 싸게 샀어요.
내가 만든 음식을 맛있게 먹어서 기분이 좋아요.

연습합시다 1-1   'A-게'로 바꾸고 문장을 완성하세요.

형용사	A-게	예문
좋다	좋게	친구들이 제 기분을 (　　　) 했어요.
쉽다		선생님, 시험 문제를 (　　　) 만들어 주세요.
늦다		늦잠을 자서 학교에 (　　　) 왔어요.
크다		에리나 씨, 조금 (　　　) 이야기해 주시겠어요?
작다		여기는 도서관이니까 (　　　) 이야기합시다.
길다		이제 한국어를 (　　　) 이야기할 수 있어요.
짧다		머리를 (　　　) 잘라 주세요.
맛있다		제가 만들었으니까 (　　　) 드세요.
맛없다		밥을 왜 이렇게 (　　　) 먹어요?
재미있다		그 영화를 너무 (　　　) 봤어요.
비싸다		어제 옷을 (　　　) 산 것 같아요
싸다		세일 기간이라서 옷을 (　　　) 샀어요.
정확하다		한국어를 (　　　) 발음하세요.
*많다		불고기를 너무 (　　　) 만들었어요.
*높다		비행기가 (　　　) 날아요.
*빠르다		우리집에 (　　　) 오세요.
*깨끗하다		방을 (　　　) 청소합시다.

연습합시다 1-2 'A-게'를 사용해서 알맞은 단어를 골라 쓰세요.

바쁘다   길다   맛있다   비싸다   재미있다

1. 아직 한국말을 (   ) 못 해요.

2. 다른 사람들보다 옷을 (   ) 산 것 같아서 기분이 나빠요.

3. 요즘 일이 많아서 아주 (   ) 지내요.

4. 오늘 영화를 참 (   ) 봤어요.

5. 어머니가 음식을 (   ) 만들어 줬어요.

문법02 제가 청소를 할 테니까 쉬세요

A/V-(으)ㄹ 테니까

시험이 어려울 테니까 공부를 합시다.
날씨가 추울 테니까 옷을 많이 입으세요.
그 식당에 사람이 많을 테니까 미리 예약할까요?

전화할 테니까 이따가 이야기해요.
오늘 늦을 테니까 기다리지 마세요.
천천히 말할 테니까 잘 들어 보세요.

A/V-(으)ㄹ 테니까

① 백화점은 비싸다 / 시장에 가다 → 백화점은 비쌀 테니까 시장에 갑시다.

② 내가 택시 요금을 내다 / 택시를 타다

③ 비가 많이 오다 / 우산을 준비하다

④ 바람 소리가 시끄럽다 / 창문을 닫다

⑤ 제가 청소하다 / 지훈 씨가 설거지를 하다

연습합시다 2 'A/V-(으)ㄹ 테니까'를 사용하여 대화를 완성하세요.

2-1

① 가 운전을 해야 하는데 몸이 피곤해요.
　 나 (내가 운전하다)   .

② 가 우산이 없는데 비가 많이 와요.
　 나 (우산을 빌려 주다)   .

③ 가 배가 고픈데 먹을 것이 없어요.
　 나 (음식을 만들어 주다)   .

④ 가 한국어 공부가 너무 어려워요.
　 나 (내가 도와주다)   .

⑤ 가 부모님께 휴대전화를 선물해 드리고 싶은데 돈이 없어요.
　 나   .

2-2

① 가 영화표가 있는데 이 영화가 재미있을까요?
　 나 (재미있다, 보다)   .

② 가 내일 산에 가고 싶은데 날씨가 좋을까요?
　 나 (좋다, 가다)   .

③ 가 옷을 사고 싶은데 저 옷이 비쌀까요?
　 나 (비싸다, 다른 옷을 사다)   .

④ 가 제니 씨의 생일 선물을 사려고 하는데 가방을 좋아할까요?
　 나 (좋아하다, 저 가방을 사다)   .

⑤ 가 운동을 하러 가는데 날씨가 추울까요?
　 나 (춥다, 옷을 많이 입다)   .

문법03 밥을 먹기 전에 손을 씻어요

V-기 전에

한국에 오기 전에 그 친구를 만났어요.
손님들이 오기 전에 음식을 만들어야 해요.
저는 공부하기 전에 항상 커피를 마셔요.
고향에 돌아가기 전에 제주도에 가 보고 싶어요.
열차를 타기 전에 간단하게 식사를 합시다.

연습합시다 3-1

다니엘 씨의 하루를 보고 'V-기 전에'를 사용해서 [보기]와 같이 대화를 완성하세요.

〈다니엘 씨의 하루〉

아침에 일어나다 ➡ 세수를 하다 ➡ 옷을 입다 ➡ 밥을 먹다
➡ 학교에 가다 ➡ 도서관에서 숙제를 하다 ➡ 친구를 만나다 ➡ 음악을 듣다
➡ 저녁 식사를 하다 ➡ 텔레비전을 보다 ➡ 잠을 자다

보기

가 언제 세수를 해요?
나 옷을 입기 전에 세수를 해요.

① 가 언제 밥을 먹어요?
　 나 _____.

② 가 언제 도서관에서 숙제를 해요?
　 나 _____.

③ 가 언제 음악을 들어요?
　 나 _____.

④ 가 언제 텔레비전을 봐요?
　 나 _____.

연습합시다 3-2 질문에 답하세요.

① 가 수업 시작하기 전에 뭘 하세요?
   나 _____.

② 가 이번 학기 끝나기 전에 뭘 하고 싶어요?
   나 _____.

③ 가 오늘 학교에 오기 전에 뭐 했어요?
   나 _____.

④ 가 고향에 돌아가기 전에 뭐 하고 싶어요?
   나 _____.

⑤ 가 한국에 오기 전에 뭐 했어요?
   나 _____.

문법 04 밖에 눈이 오네요

A/V-네요

3월인데 눈이 오네요.
공원에 사람이 참 많네요.
한국 음식이 정말 맛있네요.
어머니가 아주 아름다우시네요.

연습합시다 4   'A/V-네요'를 사용하여 대화를 완성하세요.

보기   한국말을 잘하다   비싸다   맵다   복잡하다   눈이 오다

① 가 여기가 명동이에요. 사람이 정말 많지요?
   나 _____ 복잡하네요.

② 가 이것은 한국 김치 '깍두기'라고 해요. 한번 먹어 보세요.
   나 _____ 맵네요.

③ 가 저기 창밖을 보세요.
   나 _____ 눈이 오네요.

④ 가 10년 동안 한국에 살았어요.
   나 _____ 한국말을 잘하네요.

⑤ 가 이 옷은 100만 원짜리예요.
   나 _____ 비싸네요.

읽고 말하기

다음을 읽고 답하세요.

한국에 오기 전에 산 옷들이 작아져서 지난 주말에 쇼핑을 했습니다.
저는 백화점에서 쇼핑을 하려고 했는데 제니 씨가 "백화점은 비쌀 테니까 시장에 갑시다. 시장에 가면 옷을 더 싸게 살 수 있어서 좋아요." 라고 했습니다. 그래서 저는 제니 씨와 같이 동대문 시장에 갔습니다. 동대문 시장에 처음 가 봤습니다. 동대문 시장에는 값도 싸고 예쁜 옷들이 많았습니다. 저는 긴 바지와 제가 좋아하는 가수의 사진이 있는 티셔츠를 샀고 제니 씨는 가방과 신발을 샀습니다. 옷도 싸게 사고 거리도 재미있게 구경해서 기분이 아주 좋았습니다.

❶ 이 사람은 왜 쇼핑을 하려고 합니까? 쓰세요.

❷ 왜 동대문시장이 백화점보다 좋습니까?
① 옷을 싸게 살 수 있기 때문에
② 물건 값을 많이 깎아 주기 때문에
③ 노래와 춤을 구경할 수 있기 때문에
④ 유명한 가수의 사진이 있는 옷을 팔기 때문에

❸ 이 사람은 무엇을 샀습니까? 모두 고르세요.
① 가방   ② 바지   ③ 신발   ④ 티셔츠

❹ 다음 중 맞으면 O, 틀리면 X 하세요.
① 이 사람은 물건들을 싸게 샀습니다. (   )
② 이 사람은 전에 동대문 시장에 가 보지 않았어요. (   )
③ 이 사람은 백화점도 가고 동대문 시장도 갔어요. (   )
④ 이 사람은 거리를 구경하려고 동대문 시장에 갔어요. (   )

듣고 말하기 듣고 답하세요.

1 마리 씨는 오늘 무슨 일을 했습니까? 순서대로 쓰세요.

새 단어

스트레스를 풀다

①    ②

③

(   ) → (   ) → (   )

2 마리 씨는 오늘 왜 운동을 했습니까?

_____.

3 마리 씨는 저녁에 왜 기분이 좋았습니까?

① 운동을 해서

② 음식을 만들어서

③ 한국 생활이 재미있어서

④ 친구들이 음식을 맛있게 먹어서

제16과   바자회가 참 재미있겠네요!

아래 그림을 보고 이야기합시다.

새 단어

바자회	비누
필통	홍차
종류	직접
인기	팔리다
무인도	카페
딸	인형
대회	

다니엘   오늘 우리 한국어학당에서 바자회를 해요.

흐 엉   바자회가 뭐예요?

다니엘   물건을 가져와서 그것을 친구들에게 파는 거예요.

흐 엉   그렇군요. 참 재미있겠네요! 바자회를 자주 하나요?

다니엘   아니요. 해마다 하는 행사예요.

흐 엉   바자회에 가면 뭐가 있어요?

다니엘   외국 학생들에게 필요한 물건들이 많아요. 저는 작년에 비누, 필통, 홍차를 샀어요. 제 친구는 한복도 샀어요.

흐 엉   종류가 정말 많네요. 재미있겠어요.

다니엘   음식도 직접 만들어서 팔아요. 한번 구경 오세요.

흐 엉   저는 한국어학당 학생이 아닌데 갈 수 있어요?

다니엘   그럼요. 인기가 많은 물건은 빨리 팔리니까 일찍 오세요.

흐 엉   몇 시부터 팔기 시작해요?

다니엘   9시부터 시작해요.

문법01 어떤 취미를 가지고 있어요?

N을/를 가지다

무슨 직업을 가지고 계세요?
좋은 취미를 가지고 있네요.
어머니, 저는 새 컴퓨터를 가지고 싶어요.
무엇을 가지고 싶은지 얘기해 보세요.

N을/를 가져오다/가져가다

오후에 비가 올 테니까 우산을 가져오세요.
추울 것 같아서 따뜻한 물을 가져왔어요.
내일 중국 요리를 만들어서 가져갈게요.
우리 집에 테츠야 씨의 책이 있으니까 가져가세요.

연습합시다 1 친구에게 물어 보세요.

① 생일 선물로 무엇을 가지고 싶어요?

② 해외여행을 가려면 뭘 가져가야 해요?

③ 어떤 취미를 가지고 있어요?

④ 무인도에 가려면 뭘 가져가야 할까요? 세 가지만 말해 보세요.

⑤ 무엇을 가지면 행복할까요? 말해 보세요.

문법02 참 재미있겠네요!

A/V-겠-

옷을 많이 입어서 따뜻하겠어요.
하늘이 흐리네요. 오후에 비가 오겠어요.
지금 6단계에서 공부하고 있으니까 한국어를 잘하겠군요.

주말이니까 길이 복잡하겠지요?
- 네, 복잡할 거예요.

저 영화가 재미있겠지요?
- 재미있을 것 같아요.

점심을 못 먹었어요.
- 배고프겠어요.

A/V-았/었겠-

지난주에 시험이 있어서 바빴겠어요.
유야 씨가 일본에 도착했겠어요.
지금 8시 10분이니까 영화가 벌써 시작했겠지요?

어제 5시간 동안 등산을 했어요.
- 정말 힘들었겠어요.

A/V-겠-, A/V-겠지요?

고향에 돌아가면 가족이 좋아하겠어요.

① 고향에 돌아가면 가족이 (좋아하다)

② 짧은 치마를 입어서 (춥다)

③ 어머니가 만들어 주신 김밥이라서 (맛있다)

④ 아침을 안 먹어서 (배고프다)

⑤ 한국에 5년 동안 살았으니까 한국말을 (잘하다)

⑥ 어제 아르바이트를 해서 (힘들다)

⑦ 시험을 잘 봐서 기분이 (좋다)

⑧ 지금 사무실에 김 선생님이 (계시다)

⑨ 에리나 씨의 생일 파티에 다니엘 씨도 (오다)

A/V-았/었겠-

제주도 여행이 아주 즐거웠겠어요.

① 제주도 여행이 아주 (즐겁다)

② 어제 눈이 많이 와서 날씨가 (춥다)

③ 지금 9시 30분이니까 수업을 (시작하다)

④ 지난 주말에 감기에 걸려서 (힘들다)

⑤ 공부를 열심히 했으니까 시험을 잘 (보다)

⑥ 이 책은 아주 유명하니까 사람들이 많이 (읽다)

연습합시다 2-1 'A/V-겠-, A/V-았/었겠-'을 사용하여 대화를 완성하세요.

보기 좋다   부모님이 보고 싶다   맛있다   무섭다   재미있다   편하다

① 가 이번 주에 친구들과 부산으로 여행을 갈 거예요.
　나 _____.

② 가 다음 주부터 방학이에요.
　나 _____.

③ 가 1년 동안 고향에 못 갔어요.
　나 _____.

④ 가 어제 집에서 혼자 공포 영화를 봤어요.
　나 _____.

⑤ 가 지난주에 친구가 떡볶이를 해 줬어요.
　나 _____.

⑥ 가 발이 아파서 오늘은 운동화를 신고 왔어요.
　나 _____.

연습합시다 2-2   'A/V-겠-, A/V-았/었겠-'을 사용하여 대화를 완성하세요.

보기
가 오후에 눈이 오겠지요?
나 네, 올 거예요.

있다   아름답다   기뻐하다   맛있다   되다   도착하다

① 가 이 음식이 _____?
   나 네, 맛있을 것 같아요.

② 가 지금 제주도에 가면 _____?
   나 네, 아름다울 거예요.

③ 가 비행기가 _____?
   나 네, 지금 10시 30분이니까요.

④ 가 호주는 여름이 _____?
   나 네, 한국이 겨울이니까요.

⑤ 가 이 카페에는 자리가 _____?
   나 네, 사람이 많지 않으니까 있을 거예요.

⑥ 가 딸에게 인형을 사 주면 _____?
   나 그럴 것 같아요. 여자 아이들은 인형을 아주 좋아하니까요.

문법03 저는 일요일마다 등산을 해요

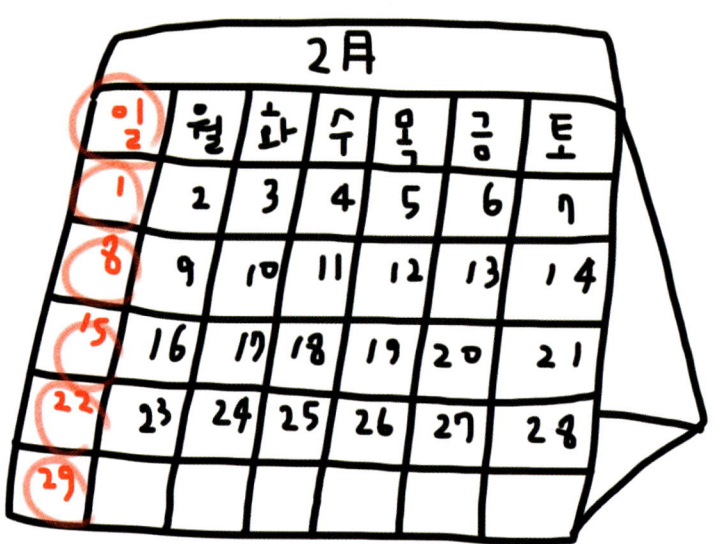

N마다

아침마다 운동을 하면 건강해져요.
부모님께 날마다 전화해요.
사람마다 성격이 달라요.
나라마다 인사법이 다르지요?
해마다 말하기 대회를 해요.
달마다 전화요금을 내요.

연습합시다 3 친구에게 물어 보고 써 보세요.

① 아침마다 뭘 먹어요?

　　　　　　　　　　　　　　　　　　　　　　　　　　　　　.

② 저녁마다 뭘 해요?

　　　　　　　　　　　　　　　　　　　　　　　　　　　　　.

③ 주말마다 꼭 하는 일이 뭐예요?

　　　　　　　　　　　　　　　　　　　　　　　　　　　　　.

④ 생일마다 뭘 해요?

　　　　　　　　　　　　　　　　　　　　　　　　　　　　　.

⑤ 며칠마다 고향에 전화해요?

　　　　　　　　　　　　　　　　　　　　　　　　　　　　　.

⑥ 몇 개월마다 학기가 시작해요?

　　　　　　　　　　　　　　　　　　　　　　　　　　　　　.

문법04 언제부터 태권도를 배우기 시작했어요?

V-기 시작하다

눈이 오기 시작하네요!
언제부터 피아노를 치기 시작했어요?
아기가 걷기 시작했는데 아주 잘 걸어요.
봄이 되면 꽃이 피기 시작해요.

연습합시다 4   다음 표를 보고 [보기]와 같이 쓰세요.

보기

가 언제부터 운전하기 시작했어요?
나 (잘 못하다) 1월부터 배우기 시작했는데 잘 못해요.

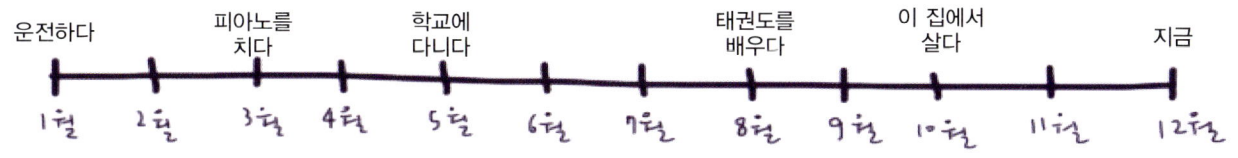

① 가 언제부터 피아노를 치기 시작했어요?
　 나 (재미있다)   .

② 가 언제부터 이 집에서 살기 시작했어요?
　 나 (편하다)   .

③ 가 (학교, 다니다)   ?
　 나 (힘들다)   .

④ 가 (태권도, 배우다)   ?
　 나 (잘 못하다)   .

읽고 말하기 다음을 읽고 답하세요.

〈한국 친구를 찾습니다〉

저는 미국에서 온 제니라고 합니다. 지금 한국대학교에서 한국어를 배우고 있는 2단계 학생인데 한국어를 3월부터 배우기 시작했습니다. 아직 한국어를 잘 못해서 한국말을 연습하고 싶습니다. 저는 영어를 가르쳐 줄 수 있습니다.

일주일에 두 번 만나고 싶고 월요일과 목요일에 만나면 좋겠습니다. 월요일은 영어, 목요일은 한국말을 연습하고 싶습니다. 제 취미는 영화를 보는 것인데 같은 취미를 가지고 있으면 가끔 같이 영화관에 같이 가는 것도 좋습니다.

저와 함께 공부하고 싶은 분은 010-587-5789로 전화해 주세요.

새 단어
가끔
조건

❶ 이 글을 보고 민지가 제니에게 전화를 했습니다. 대화를 완성하세요.

민지 여보세요. 제니 씨인가요?
제니 네, 그런데요. 어떻게 전화하셨어요?
민지 안녕하세요. 저는 민지라고 해요.
제니 씨의 (   ) 공부를 도와주고, 저는 영어를 (   )고 싶어요.
제니 반가워요.
민지 그런데 제가 월요일에는 시간이 있지만 (   )에는 시간이 없어요. 목요일마다 수업이 있어서요.
제니 그러면 (   )?
민지 (   ).

❷ 여러분도 친구를 찾는 글을 써 보세요.

〈친구를 찾습니다〉	안녕하세요?
이름 :	
나라 :	
나이 :	
취미 :	
전화번호 :	
조건 : ①	
②	

듣고 말하기

듣고 답하세요.

① 무엇에 대한 이야기입니까? 쓰세요.

② 맞으면 O, 틀리면 X 하세요.

① 에리나 씨는 매주 영화를 보러 가요. (   )

② 테츠야 씨는 매주 토요일, 일요일 저녁에 피아노를 배워요. (   )

③ 에리나 씨는 한국 영화를 보면서 한국어와 한국 문화를 배워요. (   )

④ 테츠야 씨는 노래 듣는 것은 좋아하지만 노래 부르는 것은 싫어해요. (   )

제17과 이것이 잘 어울릴 것 같아요

아래 그림을 보고 이야기합시다.

새 단어

벌	고르다
손님	색깔
노랗다	파랗다
빨갛다	까맣다
하얗다	그렇다
밝다	주머니
사이즈	허리
벽	맞다(안 맞다)
병아리	무늬
웨딩드레스	눕다
블라우스	양복

직 원 어서 오세요.
제 니 바지를 한 벌 사고 싶은데요.
직 원 제가 고르는 것을 도와 드릴게요. 손님이 입으실 건가요?
제 니 네, 제가 입을 거예요.
직 원 손님에게는 이것이 잘 어울릴 것 같은데요. 한번 입어 보시겠어요?
제 니 네, 좋아요. 그리고 이 바지와 어울리는 티셔츠도 하나 보여 주세요.
직 원 그럼 이 노란색 티셔츠 어떠세요? 색깔이 아주 밝아서 예뻐요.
제 니 음……. 괜찮은데 저기 걸려 있는 티셔츠도 좀 볼 수 있을까요?
직 원 저기 주머니가 있는 티셔츠요? 죄송하지만 저것은 지금 큰 사이즈밖에 없어서 손님에게 맞지 않을 것 같아요.
제 니 그래요? 그럼 노란색을 입어 볼게요.

문법 01 하늘이 아주 파랗습니다

	노랗다

'ㅎ' 불규칙

	-고	-아요/어요	-(으)니까	-(으)ㄴ데	-(으)ㄴ N
노랗다	노랗고	노래요	노라니까	노란데	노란
파랗다					
빨갛다					
까맣다					
하얗다					
그렇다					
어떻다					

하늘이 아주 파랗습니다.
저는 술을 마시면 얼굴이 빨개져요.
어머니의 하얀 머리를 보고 마음이 아팠어요.

무슨 색을 좋아해요?
-저는 까만색요.

연습합시다 1 문장을 완성하세요.

노랗다   파랗다   빨갛다   하얗다   까맣다   어떻다

1. _____ 색 병아리가 엄마 닭을 따라가네요.

2. 가을이 되면 하늘이 아주 _____.

3. 토마토가 아주 _____.

4. _____ 밤하늘에 별들이 많아요.

5. 가 _____ 음식이 좋아요?
   나 저는 매운 음식을 좋아해요.

* 여러 가지 색

하얀색 까만색 파란색 빨간색 노란색

초록색 주황색 분홍색 하늘색 갈색

보라색 회색

문법 02 이것이 손님에게 잘 어울려요

N이/가 N에(게) 어울리다

이것이 손님에게 잘 어울려요.
이 구두가 하얀 치마에 어울리는 것 같아요.
짧은 바지가 제니 씨에게 어울리지 않아요.

N이/가 N에(게) 맞다

이 등산화가 제 발에 잘 맞아요.
허리 사이즈가 너무 커서 (저에게) 잘 안 맞네요.
요즘 뚱뚱해져서 작년에 입은 옷들이 (저에게) 안 맞아요.

N이/가 N와/과 어울리다

무슨 색 꽃이 웨딩드레스와 어울릴까요?
줄무늬 셔츠와 청바지가 잘 어울려요.

연습합시다 2 [보기]와 같이 대화를 완성하세요.

보기
가 왜 이렇게 잘 못 걸어요?
나 어제 신발을 샀는데 제 발에 안 맞는 것 같아요. 발이 아파요.

① 가 와! 노란색 치마네요. 이거 저한테 주시는 거예요?
　 나 네, 마리 씨에게 노란색이 _____ 것 같아서 샀어요.

② 가 내일 친구 결혼식에 가는데 분홍색 치마를 입으려고 해요. 위에는 뭘 입으면 좋을까요?
　 나 분홍색과 _____ 이/가 _____.

③ 가 손님, 이 블라우스 어떠세요? 요즘 아주 유행이에요.
　 나 그렇지만 색깔이 저에게 _____. 다른 것을 보여 주세요.

④ 가 지훈 씨, 양복이 왜 그렇게 커요?
　 나 아버지 양복을 빌려서 입었는데 너무 커서 저에게 _____.

⑤ 가 파란색에 무슨 색이 어울릴까요?
　 나 파란색에는 _____.

문법03 저기 걸려 있는 옷을 보여 주세요

V-아/어 있다

저 의자에 앉아 있는 사람이 누구예요?
지하철에서 서 있어서 다리가 아파요.
너무 피곤해서 한 시간 동안 누워 있었어요.
텔레비전이 벽에 걸려 있어요.
산에 여러 가지 꽃들이 예쁘게 피어 있습니다.

연습합시다 3 [보기]의 그림을 보고 'V-아/어 있다'를 사용하여 대화를 완성하세요.

보기

걸리다   놓이다   서다
앉다   눕다

① 가 모자가 어디에 있어요?
　 나 _____.

② 가 전화기가 어디에 있어요?
　 나 _____.

③ 가 다니엘 씨가 누구예요?
　 나 _____.

④ 가 지훈 씨가 어디에 있어요?
　 나 _____.

⑤ 가 제니 씨가 어디에 있어요?
　 나 _____.

문법 04 돈이 만 원밖에 없어요

N밖에 안[못] V/없다

시간이 십 분밖에 안 남았어요.
시험공부를 한 시간밖에 못 했어요.
돈이 만 원밖에 없어요.
친구들이 두 명밖에 안 왔어요.
오늘은 너무 바빠서 밥을 한 번밖에 못 먹었어요.

연습합시다 4   'N밖에'를 사용해서 답해 보세요.

① 가 볼펜이 있으면 좀 빌려 주세요.
　나 _____.

② 가 한국에서 여행 많이 했어요?
　나 _____.

③ 가 술을 잘 마셔요?
　나 _____.

④ 가 수업 시간이 얼마나 남았어요?
　나 _____.

⑤ 가 한국 음식 많이 먹어 봤어요?
　나 아니요, 한 번 _____.

⑥ 가 커피 좀 마시고 싶은데 백 원짜리 있어요?
　나 아니요, 만 원 _____.

옷의 종류

탈착동사

메다	가방	**벗다**	옷, 스타킹
끼다	안경, 반지, 장갑	**차다**	시계
매다	넥타이	**하다**	액세서리, 귀걸이, 목걸이

무늬

 **듣고 말하기** 듣고 답하세요.

① 이 손님은 어떤 옷을 입어 볼까요?

①  ②

③  ④

② 맞으면 O, 틀리면 X 하세요.

① 손님은 원피스를 바꾸려고 왔어요. (   )

② 줄무늬 원피스를 입어 봤어요. (   )

③ 이 손님은 어두운 색 원피스를 좋아해요. (   )

제18과 어제 산 옷인데 좀 바꾸고 싶어요

아래 그림을 보고 이야기합시다.

새 단어

환불하다   영수증
카드   잠시만
이상하다   선풍기
고장(이) 나다
부르다   데이트
어젯밤   사탕
설탕   메뉴
물론이다

제 니	이거 어제 산 옷인데 좀 바꾸고 싶어요.
직 원	아, 어제 오셨지요? 그런데 왜 바꾸시려고요?
제 니	집에서 입어 보니까 좀 뚱뚱해 보여요. 바꿀 수 있지요?
직 원	네, 무엇으로 바꿔 드릴까요?
제 니	다른 색깔도 있나요?
직 원	죄송합니다, 손님. 다른 색은 없습니다.
제 니	그럼 그냥 환불할 수 있어요?
직 원	물론입니다. 어제 받은 영수증과 카드를 주시겠어요?
제 니	네, 여기 있습니다.
직 원	잠시만 기다려 주세요. 됐습니다, 손님. 다음에 또 오세요.

문법01 어제 산 옷인데 좀 바꾸고 싶어요

V-(으)ㄴ N

지난주에 배운 문법이 아주 어려웠어요.
주말에 본 영화 제목이 뭐였지요?
친구한테서 받은 선물을 잃어버렸어요.
제가 신청한 학교는 한국대학교예요.
어제 만든 김밥 맛이 이상해요.
작년에 산 선풍기가 고장이 난 것 같아요.

동사(과거)		V-(으)ㄴ N	
어제 읽었어요	책		이 어땠어요?
지난주에 봤어요	시험		이 아주 어려웠어요.
방학에 구경했어요	곳		이 아주 많았어요.

	V-(으)ㄴ N
① 어제 / 가다 / 식당이 괜찮다	어제 간 식당이 괜찮았어요.
② 작년 / 사다 / 옷이 작다	
③ 지난주 / 보다 / 드라마 제목이 뭐지요?	
④ 아침 / 먹다 / 빵이 정말 맛있다	
⑤ 지난 토요일 / 만나다 / 친구가 지훈 씨이다	
⑥ 아까 / 듣다 / 노래를 다시 듣고 싶다	

연습합시다 1   'V-(으)ㄴ N'을 사용하여 대화를 완성하세요.

보기
부르다   받다   출발하다   주문하다   만들다   청소하다

① 가 지금 _____ 기차는 어디로 가는 거예요?
　 나 부산으로 가는 기차예요.

② 가 왜 기분이 안 좋아요?
　 나 생일에 _____ 지갑을 잃어버렸어요.

③ 가 아까 _____ 노래를 다시 한 번 불러 줄 수 있어요?
　 나 네, 알겠어요.

④ 가 손님 _____ 음식이 나왔습니다. 맛있게 드세요.
　 나 고맙습니다.

⑤ 가 이 가방 아주 예쁘네요. 어디에서 샀어요?
　 나 제가 _____ 가방이에요.

⑥ 가 오늘 아침에 교실을 _____ 사람이 누구예요?
　 나 우리 반 반장이에요.

문법02 뚱뚱해 보여요

A-아/어 보이다

이 영화가 참 재미있어 보여요.
좀 피곤해 보이네요.
기분이 안 좋아 보여요. 무슨 일 있어요?
좀 추워 보이니까 옷을 더 입으세요.
이 옷은 비싸 보이네요.

연습합시다 2

'A-아/어 보이다'를 사용하여 [보기]와 같이 대화를 완성하세요.

좋다   맛있다   편하다   날씬하다   어렵다   크다   예쁘다

| 보기 |

가 마이클 씨, 오늘 아파 보여요.
나 감기에 걸렸어요.

①
가 구두가 참 예쁘네요.
나 이 구두를 신으면 키가 _____.

②
가 기분이 _____.
나 친구에게 선물을 받았어요.

③
가 에리나 씨, 오늘 참 _____.
나 저녁에 남자 친구와 데이트가 있어요.

④
가 무슨 색 옷이 좋을까요?
나 까만색 옷이 _____.

⑤
가 의자가 참 _____.
나 네. 여기에 앉아서 텔레비전을 보면 아주 좋아요.

⑥
가 3단계 책이에요. 한번 읽어 보세요.
나 좀 _____.

⑦
가 음식이 아주 _____.
나 어머니가 만들어 주셨어요. 같이 먹어요.

문법03 그냥 밖으로 나왔어요

그냥 V

날씨가 좋아서 그냥 밖으로 나왔어요.
그냥 전화했어요. 잘 지내지요?
어젯밤에 너무 피곤해서 그냥 잤어요.
신물을 사지 말고 그냥 오세요.
선생님께서 이 책을 그냥 주셨어요.
이 사탕은 그냥 가져가세요.

연습합시다 3-1 '그냥 V'를 사용하여 대화를 완성하세요.

보기
앉아 있다   쉬다   가져가다   오다   주다   가다

① 가 이 신문은 어디에서 살 수 있어요?
　나 지하철 역 앞에서 　　　　　　　　　　　　　　　　　　　.

② 가 이렇게 늦은 시간에 어떻게 왔어요? 무슨 일 있어요?
　나 　　　　　　　　　　　　　　　　　　　　　　　　　　.

③ 가 커피에 설탕을 넣어서 드릴까요?
　나 아니요, 　　　　　　　　　　　　　　　　　　　　　　.

④ 가 주말인데 공원에 갈까요?
　나 오늘은 피곤한데 　　　　　　　　　　　　　　　　　　.

⑤ 가 제가 도와 드릴까요?
　나 아니요, 　　　　　　　　　　　　　　　　　　　　　　.

⑥ 가 　　　　　　　　　　　　　　　　　　　　　　　　　?
　나 생일이니까 케이크를 사 갑시다.

연습합시다 3-2 맞는 답과 연결하세요.

① 시간이 있으면 우리 집에 올래요?　●　　　●　물론이에요.

② 내일 9시까지 꼭 오세요.
　　늦으면 안 돼요!　●　　　●　네, 됐습니다.

③ 선생님, 여기에서 숙제할 수 있어요?　●　　　●　그러지요.

④ 예약이 됐어요?　●　　　●　알겠어요.

⑤ 아주머니, 여기 메뉴 좀 주세요.　●　　　●　여기 있어요.

한걸음 더!

물론이에요

가 영어를 할 줄 알아요?
나 물론이에요.

가 공항까지 혼자 갈 수 있어요?
나 물론이지요. 버스 한 번만 타면 되니까요.

가 그냥 가도 될까요?
나 물론입니다.

읽고 말하기 다음을 읽고 질문에 답하세요.

여러분은 어떻게 쇼핑을 하세요? 백화점이나 시장에 자주 가시나요? 요즘 젊은 사람들은 홈쇼핑이나 인터넷 쇼핑을 많이 하고 있습니다. 백화점이나 시장보다 가격도 싸고 늦은 시간에도 쇼핑을 할 수 있기 때문에 아주 편리합니다. 하지만 물건을 직접 보고 살 수가 없어서 쇼핑을 한 후에 바꿔야 하는 일이 자주 있습니다. 인터넷이나 사진에서는 예뻐 보여서 샀지만 집에 도착해서 보면 그렇지 않을 수도 있기 때문입니다. 또 바꾸려면 물건을 다시 보내고 다시 받아야 하기 때문에 시간이 많이 걸립니다.

새 단어

홈쇼핑
인터넷 쇼핑

① 맞으면 O, 틀리면 X 하세요.

인터넷 쇼핑은 백화점보다 가격이 쌉니다. (　　)

물건을 바꾸려면 시간이 많이 걸립니다. (　　)

인터넷 쇼핑은 물건을 받은 후에는 바꿀 수 없습니다. (　　)

젊은 사람들은 백화점이나 시장에서 쇼핑을 자주 합니다. (　　)

② 인터넷 쇼핑을 한 후에 물건을 바꾸는 이유는 무엇입니까?

③ 인터넷이나 홈쇼핑에서 물건을 산 경험을 이야기해 보세요.

듣고 말하기 듣고 답하세요.

① 이 손님은 왜 전화했습니까?
  ① 주문한 가방이 안 와서
  ② 색깔이 다른 가방을 받아서
  ③ 가방을 바꾸고 싶어서

새 단어

교환하다

② 맞으면 O, 틀리면 X 하세요.
  ① 이 손님은 백화점에서 가방을 샀습니다. (   )
  ② 파란색 가방을 주문했는데 색이 좀 어두운 것 같습니다. (   )
  ③ 디자인이 별로 예쁘지 않아서 바꾸려고 합니다. (   )
  ④ 지난주에 산 가방이라서 환불을 할 수 없습니다. (   )

제19과 한국어를 배운 지 6개월이 되었어요

아래 그림을 보고 이야기합시다.

새 단어

동화책   문장
스페인어 달리기
발표   여의도
찻값   전자사전
붙다   운전
천사   하숙집
집안일

제 니 벤자민 씨, 무슨 책을 읽고 있어요?
벤자민 한국 소설책인데 아주 재미있어요.
제 니 그렇군요. 저도 읽고 싶은데 이 책은 저에게 어려울 것 같아요. 모르는 한국말이 많네요. 문장도 너무 길고요.
벤자민 그러면 소설책 대신에 동화책을 빌려줄 테니까 읽어 보겠어요?
제 니 네, 좋아요. 한국어를 배운 지 6개월이 되었는데 어렵지 않을까요?
벤자민 읽을 수 있을 거예요.
제 니 저도 벤자민 씨처럼 한국어를 잘하면 다음에 소설책도 읽어 볼게요.

문법 01   한글은 저에게 어려워요

N은/는 N에게 쉽다[어렵다]

문법이 저에게 쉬워요.
스페인어가 학생들에게 어려워요.
한국어 발음은 외국인에게 어려워요.
그 책은 1급 학생에게 어려울 거예요.

N은/는 N에게 쉽다[어렵다]

① 이 책 / 아이들 / 어렵다

② 한국어 / 일본 사람

③ 한국 영화 / 2급 학생

④ 집안일 / 저

⑤ 신문 / 외국인

연습합시다 1

'N은/는 N에게 쉽다[어렵다]'를 사용하여 [보기]와 같이 쓰세요.

보기

영어 / 한국어

한국어는 저에게 어려워요.

① 듣기 / 쓰기

② 춤 / 노래

③ 청소 / 요리

④ 일본어 / 스페인어

⑤ 발표 시험 / 문법 시험

⑥ 집에서 명동 가기 / 여의도 가기

문법02 꽃 대신 케이크를 삽시다

N 대신(에)

커피 대신에 주스를 마실래요.
저 대신에 찻값을 내 주세요.
어머니 대신 제가 시장에 갔어요.

N 대신(에)

① 무엇을 먹을래요? 밥 (X) / 빵 (O)   밥 대신에 빵을 먹을래요.

② 주말에 영화를 볼까요? 영화 (X) / 운동 (O)

③ 누가 선생님을 도와줄래요? 반장 (X) / 저 (O)

④ 무슨 선물을 사 갈까요? 꽃 (X) / 책 (O)

⑤ 제주도에 무엇을 타고 가요? 비행기 (X) / 배 (O)

연습합시다 2 [보기]와 같이 대화를 완성하세요.

보기
가 숙제를 했어요?
나 아뇨, 저 대신 제니가 숙제를 해 줬어요. (나 / 제니)

① 가 부모님께 전화를 했어요?
　나 _____. (전화/편지)

② 가 오늘 저녁은 누가 준비했어요?
　나 _____. (어머니/아버지)

③ 가 이 음식은 어떻게 먹어야 돼요?
　나 _____. (포크/젓가락)

④ 가 주말인데 공원에 갈까요?
　나 _____. (공원/시내)

⑤ 가 음료수를 사 올래요?
　나 _____. (음료수/　　)

⑥ 가 생일인데 시계를 사 줄까요?
　나 아니요, _____. (시계/　　)

문법03 한국어를 배운 지 6개월 되었어요

V-(으)ㄴ 지 N이/가 되다

한국에 온 지 여섯 달이 되었어요.
우리가 만난 지 4년이 되었어요.
이 집에서 산 지 일 년이 되었네요.
아마 부모님께 전화한 지 일 주일쯤 됐을 거예요.
피아노를 배운 지 1년밖에 안 돼서 잘 못 쳐요.

연습합시다 3-1

'V(으)ㄴ 지 N이/가 되다' 를 사용해서 [보기]와 같이 대화를 완성하세요.

보기
가 한국어를 언제부터 배웠어요?
나 한국어를 배운 지 두 달이 되었어요. (두 달)

① 가 언제부터 혼자 살았어요?
　 나 _____. (네 달)

② 가 언제 어머니께 전화를 걸었어요?
　 나 _____. (3일)

③ 가 언제 선생님이 되셨어요?
　 나 _____. (5년)

④ 가 고등학교를 졸업한 지 얼마나 되셨어요?
　 나 _____. (　　)

⑤ 가 가족을 못 본 지 얼마나 됐어요?
　 나 _____. (　　)

⑥ 가 그 집에서 산 지 얼마나 됐어요?
　 나 _____. (　　)

연습합시다 3-2 [보기]를 보고 대답해 보세요.

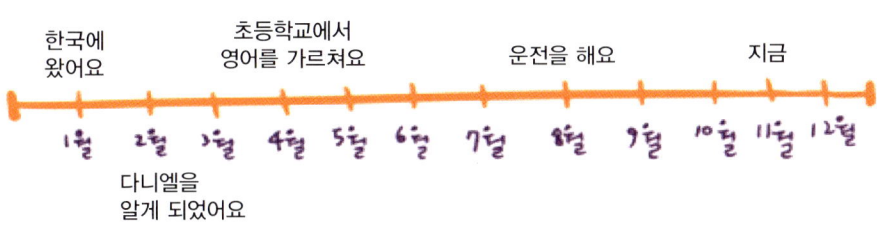

① 가 한국에 온 지 얼마나 됐어요?
  나

② 가 다니엘 씨를 알게 된 지 얼마나 됐어요?
  나

③ 가 영어를 가르친 지 얼마나 됐어요?
  나

④ 가 운전을 시작한 지 얼마나 됐어요?
  나

문법04 제니 씨는 꽃처럼 예뻐요

N처럼 A/V

제니 씨는 천사처럼 착해요.
벤자민 씨는 농구 선수처럼 키가 커요.
어머니는 요리사처럼 요리를 잘해요.
테츠야 씨는 한국 사람처럼 한국어 발음이 좋아요.

읽고 말하기

다음을 읽고 답하세요.

제니 씨는 아르바이트를 하려고 해요. 사장님과 만나서 이야기를 합니다.

사장님　한국에 언제 왔어요?
제　니　1년 6개월 전에 왔어요.
사장님　영어를 언제부터 가르쳤어요?
제　니　3년 전부터 가르쳤어요.
사장님　결혼을 했어요?
제　니　네, 3개월 전에 결혼했어요.
사장님　한국어는 언제부터 배웠어요?
제　니　한국어는 8개월 전부터 배웠어요.
사장님　운전을 언제부터 했어요?
제　니　운전은 5년 전부터 하기 시작했어요.

새 단어

사장님

| (3년) | ( ) | ( ) | ( ) | ( ) |

① 영어를 가르친 지 3년이 되었어요.

② 한국어를   .

③ 한국에   .

④ 결혼을   .

⑤ 운전을   .

듣고 말하기 듣고 답하세요.

① 맞으면 O, 틀리면 X 하세요.

새 단어

한턱내다

① 묘묘 씨는 왕홍 씨 대신에 중국어를 가르칠 거예요. ( )

② 묘묘 씨는 중국어를 가르친 적이 있지만 잘 못해요. ( )

③ 왕홍 씨가 가르치는 학생은 중국어를 할 줄 몰라요. ( )

② 왕홍 씨는 다음 주에 왜 고향에 가려고 해요?

_____

③ 왕홍 씨는 중국어를 얼마 동안 가르쳤어요?

중국어를 _____ 지 _____ 이/가 됐어요.

제20과 곧장 가다가 오른쪽으로 돌아가세요

아래 그림을 보고 이야기합시다.

새 단어

출구	사거리
빌딩	돌아가다
근처	부동산
호선	꽃집
대사관	건너편
맞은편	길
동네	오토바이
인도	장소
축구선수	KTX
고속전철	유학생

다니엘 에리나 씨, 오늘 테츠야 씨가 학교에 안 왔어요.

에리나 아마 감기 때문에 못 왔을 거예요.

다니엘 제가 테츠야 씨 집에 가고 싶은데 어디인지 아세요?

에리나 네, 알아요. 지하철을 타고 사당역에서 내리세요.

다니엘 거기에서 어떻게 가야 돼요?

에리나 2번 출구로 나가면 사거리가 있어요. 거기에서 곧장 가다가 빵집이 있는 빌딩에서 오른쪽으로 돌아가면 아파트가 보여요. 거기가 바로 테츠야 씨 집이에요.

다니엘 그렇군요. 그런데 처음이어서 찾아가기가 어려울 것 같아요.

에리나 못 찾으면 근처에 있는 부동산에 가서 물어보세요. 부동산은 집을 소개하는 곳이니까 길을 잘 알아요.

문법01 곧장 가다가 오른쪽으로 돌아가세요

책을 읽다가 잤어요.

V-다가

어제 학교에 가다가 친구를 만났어요.
숙제를 하다가 친구를 만나러 갔어요.
지하철을 타고 가다가 버스를 타야 돼요.
똑바로 걸어가다가 왼쪽으로 가세요.

V-다가

① 문을 열다 / 추워서 다시 닫다   문을 열다가 추워서 다시 닫았어요.

② 지하철을 타고 가다 / 잘못 타서 내리다

③ 운동을 하다 / 다리를 다치다

④ 책을 읽다 / 텔레비전을 보다

⑤ 이 길로 곧장 가다 / 왼쪽으로 돌아가다

⑥ 시험 공부를 하다 / 잠을 자다

연습합시다 1-1
'V-다가'를 사용하여 [보기]와 같이 문장을 만드세요.

보기
밥을 먹다 / 전화를 받다
밥을 먹다가 전화를 받았어요.

①  영화를 보다 / 재미없어서 밖으로 나가다

②  버스를 타고 가다 / 학교 앞에서 내리다

③  숙제를 하다 / 자다

④  운동을 하다 / ?

⑤  공부를 하다 / ?

연습합시다 1-2   'V-다가'를 사용하여 대화를 완성하세요.

① 가 에리나 씨와 같이 오는군요! 어디에서 만났어요?
　 나 _____.

② 가 숙제 다 했어요?
　 나 아니요, 조금 _____.

③ 가 지금도 기숙사에서 사세요?
　 나 아니요, 처음에는 기숙사에서 _____.

④ 가 한국어학당에 가려면 어떻게 해야 돼요?
　 나 지하철 7호선을 _____ 남성역에서 내려야 돼요.

⑤ 가 주말에 한강에 가서 자전거를 탔어요?
　 나 비가 와서 _____.

⑥ 가 다리가 왜 그래요? 무슨 일 있었어요?
　 나 _____.

문법02 여기에서 나무가 보여요

N이/가 보이다

칠판 글씨가 안 보여요.
여기에서 산이 보여요.
창밖을 보면 꽃이 보여요.
지하도에서 올라오면 은행이 보일 거예요.
꽃집을 지나서 계속 가면 오른쪽에 대사관이 보여요.
앞으로 걸어가다가 횡단보도가 보이면 건너편으로 건너가세요.

연습합시다 2
'N이/가 보이다'를 사용하여 보이는 것을 모두 써 보세요.

보기

① 여기에서 산이 보여요.

② 여러분이 살고 있는 방의 창문을 열면 무엇이 보여요? 이야기해 보세요.

문법03 방학이어서 학교에 사람이 없어요

N이어서/여서

방학이어서 학교에 사람이 없어요.
쉬는 시간이어서 교실 밖이 시끄러워요.
아파트여서 찾기 쉬워요.

연습합시다 3-1 알맞은 것에 O 하세요.

1. 지금은 겨울(이어서 / 때문에) 과일 값이 비싸요.

2. 어제 친구(여서 / 때문에) 숙제를 못했어요.

3. 비가 많이 왔어요. 비(여서 / 때문에) 산에 못 갔어요.

4. 수업시간(이어서 / 때문에) 전화를 받으면 안 돼요.

5. 저는 한국 남자(여서 / 때문에) 군대에 가야 돼요.

6. 여기는 처음 온 동네(여서 / 때문에) 길을 잘 모르겠어요.

연습합시다 3-2 'N이어서/여서'를 사용해서 대화를 완성하세요.

① 가 도서관에 어떻게 가는지 아세요?
　나 (처음) _____.

② 가 왕홍 씨, 우리 내일 영화를 볼까요?
　나 (시험 기간) _____.

③ 가 오늘 영화를 보러 가는 사람이 많네요.
　나 (주말) _____.

④ 가 백화점에서 이 옷을 싸게 샀어요.
　나 왜 이렇게 옷을 싸게 팔아요?
　가 (세일 기간) _____.

⑤ 가 아침 식사를 어떻게 해요?
　나 (하숙집) _____.

⑥ 가 지금 사는 집이 어때요?
　나 (　　　) _____.

연습합시다 3-3   'N이어서/여서'를 사용해서 [보기]와 같이 대화를 완성하세요.

보기

가 동생이 노래를 잘해요? (동생/노래를 잘하다)
나 네, 가수여서 노래를 잘해요. (가수)

① 가 _____ ? (운동/좋아하다)
　나 네, _____ . (축구선수)

② 가 _____ ? (KTX/빠르다)
　나 네, _____ . (고속전철)

③ 가 _____ ? (남자 친구/음식을 잘 만들다)
　나 네, _____ . (요리사)

④ 가 _____ ? (여기/오토바이를 타다)
　나 아니요, _____ . (인도)

⑤ 가 _____ ? (식당/담배를 피우다)
　나 아니요, _____ . (밥 먹는 장소)

⑥ 가 꽃집을 가는데 이쪽으로 올라가면 돼요?
　나 아니요, _____ . (맞은편)

⑦ 가 옆에 있는 친구가 한국어를 잘해요?
　나 _____ .

읽고 말하기
다음을 읽고 답하세요.

테츠야 씨는 지연 씨를 좋아합니다. 지난달에 영어를 배우러 학원에 가서 지연 씨를 처음 만났습니다. 테츠야 씨는 지연 씨가 천사처럼 예쁘고 친절해서 좋아하게 되었습니다. 이번 주 금요일이 지연 씨의 생일이어서 테츠야 씨와 생일 파티에 가려고 합니다. 오늘 테츠야 씨는 지연 씨 선물을 사러 백화점에 갔습니다. 옷도 보고 화장품도 보고 시계도 봤지만 무엇이 좋을지 몰라서 못 샀습니다.

그런데 저녁에 일본에 있는 테츠야 씨 친구에게 전화가 왔습니다. 그 친구는 금요일에 한국으로 여행을 오는데 한국말을 몰라서 테츠야 씨가 도와주어야 합니다. 그래서 테츠야 씨가 공항에 가야 합니다. 테츠야 씨는 생일 파티에도 가고 싶고 공항에도 가고 싶습니다.

새 단어
똑똑하다

1 순서대로 쓰세요.

① 테츠야 씨는 선물을 사러 백화점에 갔습니다.
② 테츠야 씨는 고향 친구한테서 전화를 받았습니다.
③ 테츠야 씨와 지연 씨는 지난달에 처음 만났습니다.

(　　) → (　　) → (　　)

2 맞으면 O, 틀리면 X 하세요.

① 테츠야 씨는 공항에 갈 겁니다. (　　)
② 테츠야 씨의 친구는 금요일에 한국으로 옵니다. (　　)
③ 테츠야 씨는 지연 씨의 선물을 사지 못했습니다. (　　)
④ 테츠야 씨는 지연 씨가 똑똑하고 예뻐서 좋아합니다. (　　)

3 테츠야 씨는 어떻게 하면 좋을까요? 여러분의 생각을 이야기해 보세요.

듣고 말하기

듣고 답하세요.

① 에리나 씨는 어디에 갔다 왔어요?
   (   )

새 단어
가운데
줍다

② 들은 것과 같은 것을 고르세요.
   ① 지하도에서 친구를 만나서 과일 가게에 갔어요.
   ② 과일을 사러 가다가 지갑을 잃어버렸어요.
   ③ 집에서 지갑을 가지고 왔어요.
   ④ 에리나 씨는 지갑이 없어서 과일을 못 샀어요.

이야기해 봅시다

'V-다가' 를 사용하여 이야기를 쓰고 말해 보세요.

저는 _____ (-다가) _____ 을/를 잃어버린 적이 있어요.

제 21 과 미역국을 끓이려고 준비하고 있어요

아래 그림을 보고 이야기합시다.

다니엘 제니 씨, 지금 뭐 해요?
제 니 친구 생일이라서 미역국을 끓이려고 준비하고 있어요.
다니엘 생일인데 왜 미역국을 끓여요?
제 니 한국 사람들은 생일에 미역국을 먹어요. 그래서 저도 한국 친구에게 배웠어요.
다니엘 미역국을 어떻게 만들어요? 어려운가요?
제 니 어렵지 않아요. 소고기 국물에 미역을 넣고 끓이면 돼요.
다니엘 소고기를 꼭 넣어야 해요? 고기를 안 먹는 친구들도 있어요.
제 니 소고기 대신에 멸치나 조개를 넣어도 돼요. 다 끓었네요.
다니엘 냄새가 좋아요. 제가 한번 먹어 봐도 돼요?
제 니 네, 먹어 보세요.
다니엘 와, 아주 맛있어요. 제니 씨 요리를 잘하네요.
제 니 고마워요. 다니엘 씨 생일에도 끓여 줄게요. 이제 친구에게 미역국을 갖다 줘야 돼요. 친구가 좋아해야 할 텐데……

새 단어

미역국	소고기
국물	멸치
조개	냄새
갖다 주다	가위
사용하다	수돗물
새우	볶음밥
잔디밭	바꾸다
갈비	재료
소금	휴지

문법01 선생님, 화장실에 가도 돼요?

V-아도/어도 되다[괜찮다]
V-(으)면 안 되다

3시까지 오셔도 돼요.
지금 나가도 괜찮습니다.

교실에서 음식을 먹어도 괜찮아요?
- 교실에서 음식을 먹으면 안 돼요.

이 가위를 사용해도 돼요?
- 사용하면 안 돼요. 요리에 사용하는 가위예요.

V-아도/어도 되다[괜찮다] / V-(으)면 안 되다

① 지금 전화하다
가 지금 전화해도 돼요?
나 네, 전화해도 돼요. / 아니요, 전화하면 안 돼요.

② 여기에 앉다
가 _____?
나 네, _____. / 아니요, _____.

③ 이 그릇을 사용하다
가 _____?
나 네, _____. / 아니요, _____.

④ 친구와 같이 가다
가 _____?
나 네, _____. / 아니요, _____.

⑤ 내일 10시까지 오다
가 _____?
나 네, _____. / 아니요, _____.

⑥ 수돗물을 그냥 마시다
가 _____?
나 네, _____. / 아니요, _____.

연습합시다 1-1 'V-아도/어도 되다[괜찮다]'를 사용해서 문장을 완성하세요.

보기 담그다   마시다   가다   듣다   전화하다   먹다   남기다

① 가 지금 밤 10시인데 선생님께 _____?
  나 지금은 늦었으니까 내일 아침에 하세요.

② 가 저도 명동에 같이 _____?
  나 물론이지요. 같이 갑시다.

③ 가 도서관에서 음악을 _____?
  나 안 돼요. 시끄러우니까요.

④ 가 여기에서 커피를 _____?
  나 네, 괜찮습니다.

⑤ 가 엄마, 아이스크림을 _____?
  나 아까 먹었으니까 안 돼요.

⑥ 가 그릇에 있는 새우 볶음밥이 너무 많은데 _____?
  나 그럼요, 괜찮아요.

⑦ 가 다음 주에 김치를 _____?
  나 아니요, 김치가 없으니까 이번 주에 해야 해요.

연습합시다 1-2 그림을 보고 질문을 만드세요.

①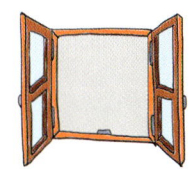
가 선생님, _____ ? (창문을 열다)
나 그럼요.

②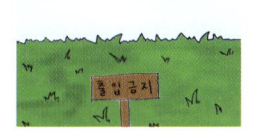
가 여기 _____ ? (잔디밭에 들어가다)
나 안 돼요!

③
가 박물관에서 _____ ? (사진을 찍다)
나 아마 안 될 거예요.

④
가 앞이 잘 안 보이는데 _____ ? (자리를 바꾸다)
나 네, 괜찮습니다.

⑤
가 의사 선생님, 내일 _____ ? (학교에 가다)
나 내일까지는 쉬는 게 좋습니다.

제21과 미역국을 끓이려고 준비하고 있어요 | 243

문법02 김치랑 같이 먹으면 맛있을 텐데…….

A/V-(으)ㄹ 텐데

시험이 어려울 텐데 같이 공부할까요?
김치가 매울 텐데 물을 마시면서 드세요.
지훈 씨도 같이 가면 재미있을 텐데…….
날씨가 아주 추울 텐데 옷을 많이 입으세요.

연습합시다 2-1   [보기]와 같이 쓰세요.

보기

오후에 비가 오다 / 우산을 준비하다
→ 오후에 비가 올 텐데 우산을 준비하세요.

1. 혼자 가면 위험하다 / 같이 가다

2. 피곤하다 / 좀 쉬다

3. 길이 복잡하다 / 지하철을 타다

4. 집에 음식 만들 재료가 없다 / 밖에서 갈비를 사 먹다

5. 극장에 사람이 많다 /

6. 친구들이 배고프다 /

연습합시다 2-2

그림을 보고 'A/V-(으)ㄹ 텐데'를 사용해서 〈보기〉와 같이 대화를 완성하세요.

보기

가 눈이 많이 올 텐데 어떻게 하지요?
나 옷을 따뜻하게 입으면 돼요.

1) 가 _____?
   나 _____.

2) 가 _____?
   나 _____.

3) 가 _____?
   나 _____.

4) 가 _____?
   나 _____.

문법 03 불고기를 갖다 주세요

N에게 N을/를 갖다 주다[갖다 드리다]

선생님께 숙제를 갖다 드렸어요.
친구에게 책을 갖다 주려고 갔어요.
잠깐만 기다려 주세요. 빨리 갖다 드리겠습니다.

연습합시다 3   '갖다 주다', '갖다 드리다'를 사용해서 문장을 완성하세요.

① **선생님** 반장, 수업이 끝나고 숙제를 사무실로 _____.
   반 장 네, 알겠습니다.

② **손 님** 여기요! 냉면 한 그릇하고 비빔밥 한 그릇 주세요.
   아주머니 네, 곧 _____.

③ **손 님** 아주머니, 소금을 좀 _____.
   아주머니 네, 여기 있습니다.

④ **승 기** 서윤 씨, 무엇을 찾고 있어요?
   서 윤 휴지가 없네요. 승기 씨, 휴지 좀 _____.

⑤ **벤자민** 비행기 표를 예약하려면 어떻게 해야 해요?
   직 원 여권만 있으면 돼요. 내일까지 꼭 여권을 _____.

한걸음 더!

별일(이) 없다 / 별일(이) 아니다

별일 없으면 내일 우리 집에 오세요.

주말에 별일이 없으면 영화를 보러 갈까요?

가 요즘 별일 없으시죠?
나 네, 잘 지내고 있어요.

가 무슨 일 있어요? 얼굴이 안 좋아요.
나 별일 아니에요. 걱정하지 마세요.

-째(첫째, 둘째, 셋째, 넷째…)

건강이 첫째입니다.

저기 셋째 줄에 가서 앉으세요.

우리 학교 규칙은 첫째, 학교 안에서 담배를 피우면 안 됩니다.

읽고 말하기 다음을 읽고 답하세요

내일은 1월 1일 설날입니다. 설날은 한국에서 가장 큰 명절이에요. 설날이 되면 사람들은 가족을 만나려고 고향에 내려갑니다. 사람들은 기차를 타거나 자동차로 고향에 갑니다. 해외에서 오는 사람도 있어서 공항이 정말 복잡합니다. 설날에 고향에 내려가는 사람들이 많아서 길이 많이 막히기 때문에 기차를 타고 가려고 했는데 지난주에 바빠서 기차표를 예매하지 못했습니다. 자동차를 타고 가면 길이 많이 막힐 텐데……. (㉠) 아침 일찍 출발하려고 합니다. 고향에서 저를 기다리시는 부모님과 가족을 생각하면 빨리 가고 싶습니다.

새 단어
명절
길이 막히다

① ㉠에 들어갈 알맞은 말은 무엇입니까?

① 하지만　　② 그래서　　③ 그러면　　④ 그리고

② 위 글의 내용과 맞지 않는 것은 무엇입니까?

① 한국에서 가장 큰 명절은 설날입니다.
② 고향에 가는 사람이 많아서 차가 많고 복잡합니다.
③ 가족을 만나기 위해서 외국에서 오는 사람도 있습니다.
④ 이 사람은 아침에 일찍 일어나서 기차표를 살 것입니다.

듣고 말하기

듣고 답하세요.

① 기숙사에서 하면 안 되는 것을 하는 학생은 누구입니까? 그리고 무엇을 잘못했는지 쓰세요.

새 단어
규칙
행동

학생 이름	무엇을 하면 안 돼요?
①	
②	
③	
④	
⑤	

② 기숙사의 규칙이 아닌 것은 무엇입니까?
① 라디오를 사용해도 됩니다.
② 기숙사에서 요리를 해도 됩니다.
③ 방에서는 담배를 피울 수 없습니다.
④ 신문은 기숙사 도서관에서 볼 수 있습니다.

제22과 태권도를 아세요?

아래 그림을 보고 이야기합시다.

새 단어

태권도　장학금
운동복　월드컵
시민　　광장
응원　　공포 영화
돌아가시다　창피하다
무섭다　화(가) 나다
야구　　씨름
테니스　골프
탁구　　스키
치다　　훨씬
더　　　덜
갈비탕　등산화
거짓말　점수

승　기　벤자민 씨, 태권도를 아세요?
벤자민　그럼요. 프랑스에 있을 때 1년쯤 배웠어요. 그런데 지금은 많이 잊어버렸어요.
승　기　아, 그래요? 그런데 요즘 왜 태권도를 하지 않아요?
벤자민　하고 싶지만 한국에서는 어디에서 할 수 있는지 잘 몰라서요.
승　기　그럼 잘됐네요! 제 친구가 태권도 선수인데, 저는 그 친구에게 태권도를 배우려고 해요. 벤자민 씨도 같이 할래요?
벤자민　저도 좋아요. 같이 배우면 훨씬 더 재미있을 것 같아요.
승　기　다음 달 첫 번째 월요일부터 시작하려고 하는데 괜찮아요?
벤자민　네, 그런데 시간은 어떻게 돼요?
승　기　오후 2시부터 2시간 정도 할 거예요.
벤자민　좋아요. 그때 봐요.

문법어 아플 때 부모님이 보고 싶어요

A/V-(으)ㄹ 때

몸이 아플 때 부모님이 가장 보고 싶어요.
기분이 나쁠 때 무엇을 하세요?
농구할 때 입으려고 운동복을 샀어요.
비가 올 때 혼자 커피를 마시면 기분이 좋아져요.

N 때

시험 때는 도서관에 자리가 없어요.
여름 방학 때 같이 바다에 놀러 갈래요?
저는 고등학생 때 장학금을 받았어요.
월드컵 때 시민들이 서울 광장에서 응원을 했어요.

연습합시다 1-1
알맞게 연결하고 문장을 완성하여 쓰세요.

| 기쁘다 | 슬프다 | 외롭다 | 무섭다 | 창피하다 | 화가 나다 | 힘들다 |

보기 ① 친구에게 선물을 받다 •   • 슬프다

② 선생님의 질문에 대답을 못하다 •   • 기쁘다
                                      친구에게 선물을 받을 때 기뻐요.

③ 혼자 있다 •   • 창피하다

④ 밤에 공포 영화를 보다 •   • 외롭다

⑤ 돌아가신 할머니가 보고 싶다 •   • 무섭다

⑥ 옆집에서 시끄럽게 노래를 하다 •   • 힘들다

⑦ 시험 공부 때문에 잠을 못 자다 •   • 화가 나다

연습합시다 1-2　친구들에게 물어 보세요.

① 무엇을 할 때 기분이 좋아요?

② 기분이 나쁠 때 무엇을 하면 기분이 좋아져요?

③ 날씨가 좋을 때 무엇을 하고 싶어요?

④ 외로울 때 어떻게 해요?

⑤ 시간이 있을 때 무엇을 해요?

⑥ 언제 가장 힘들어요?

⑦ 언제 가장 행복해요?

문법02 요즘은 태권도를 하지 않아요?

(운동, 스포츠 등) N을/를 하다[치다, 타다]

축구를 하다

문법 03 한국어가 영어보다 더 재미있어요

훨씬 더(덜) A/V

주말에는 여기가 훨씬 덜 복잡합니다.
약을 먹으니까 배가 덜 아프네요.
날씨가 좋아서 보통 때보다 사람들이 더 많이 왔어요.

연습합시다 3   [보기]와 같이 문장을 완성하세요.

보기

 (비싸다)  → 불고기가 갈비탕보다 훨씬 더 비싸요.

①  VS    산에 갈 때
구두 (편하다) 등산화

②  VS    길이 복잡해서
1시간 (빠르다) 30분

연습합시다 3

3.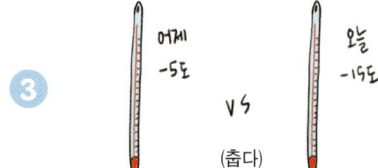
(춥다)

4.
(좋다)

5.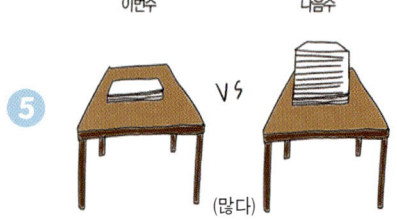
(많다)

6.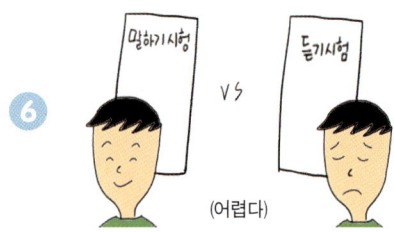
(어렵다)

7.
(재미있다)

한국어가 영어보다 _____

문법04 배고파서 다 먹어버렸어요

V-아/어 버리다

수업이 끝나고 학생들이 모두 집에 가 버렸어요.
돈을 다 써 버려서 쇼핑할 수 없어요.
여자 친구가 거짓말을 해서 헤어져 버렸어요.

***잃어버리다/잊어버리다**

약속 시간을 잊어버려서 다시 전화했어요. 미안해요.
지하철에서 지갑을 잃어버렸어요. 어떻게 해야 해요?

연습합시다 4 'V-아/어 버리다'를 사용해서 단어를 찾아 문장을 완성하세요.

보기 자르다   오다   먹다   가다   자다   하다

① 가 제니 씨, 서윤 씨가 없네요. 어디 갔는지 알아요?
　 나 네. 한 시간 전에 집에 _____.

② 가 냉장고에 우유가 없어요!
　 나 제가 아까 다 _____.

③ 가 어제 숙제 다 했어요?
　 나 아니요. 그냥 _____.

④ 가 주말에 뭐 했어요?
　 나 시간이 있어서 집안일을 모두 _____.

⑤ 가 왜 머리를 잘랐어요?
　 나 너무 더워서 _____.

⑥ 가 어제 놀이공원에 갔지요? 재미있었어요?
　 나 아니요. 사람이 너무 많아서 그냥 집에 _____.

한걸음 더!

잘됐다 / 안됐다

가 민호 씨와 다음 주에 결혼하게 되었어요.
나 아, 그래요? 잘됐네요. 정말 축하해요.

가 이번에 장학금을 받았어요.
나 잘됐군요.

가 테츠야 씨가 시험 점수가 나빠서 대학교에 못 갔어요.
나 그래요? 그것 참 안 됐네요.

가 다음 주에 일이 있어서 못 가게 되었어요.
나 안됐군요.

N 번째

가 매월 첫 번째 토요일에 축구를 해요.
나 그래요? 다음에는 저도 같이 해요.

가 앞에서 세 번째 자리가 제일 좋은 것 같아요.
나 그럼 거기에 앉읍시다.

가 한국에 처음 오셨어요?
나 아니요, 두 번째예요.

읽고 말하기
다음을 읽고 질문에 답하세요.

제가 한국에 온 지 벌써 6개월이 되었습니다. 6개월 동안 기쁜 일들도 있었지만 힘들고 어려운 일들이 훨씬 더 많았습니다. 처음에 한국말을 모를 때는 지하철도 탈 수 없었습니다. 매일 집에만 있으니까 심심하고 재미가 없었습니다. 그리고 한국 음식은 매워서 잘 못 먹었습니다. 한국 친구들을 만날 때 한국말을 잘 못해서 이야기를 많이 할 수 없었습니다. 몸이 아플 때는 고향에 계신 부모님이 보고 싶어서 많이 울었습니다. 그리고 겨울 날씨가 고향보다 훨씬 추워서 감기에도 자주 걸렸습니다. 방학 때는 아르바이트를 해서 많이 피곤했습니다.

'이 사람'의 한국 생활은 어땠습니까?

① 방학 때 _____.
② 몸이 아플 때 _____.
③ 날씨가 추울 때 _____.
④ 한국말을 모를 때 _____.
⑤ 한국 친구들을 만날 때 _____.

이야기해 보세요
'A/V-(으)ㄹ 때, N 때'를 사용하여 친구와 이야기해 보세요.

질 문	대 답
아플 때 누가 제일 보고 싶어요?	
외로울 때 무엇을 해요?	
비가 올 때 무엇을 하고 싶어요?	

 **듣고 말하기**   듣고 답하세요.

① 잘 듣고 순서에 맞게 번호를 쓰세요.

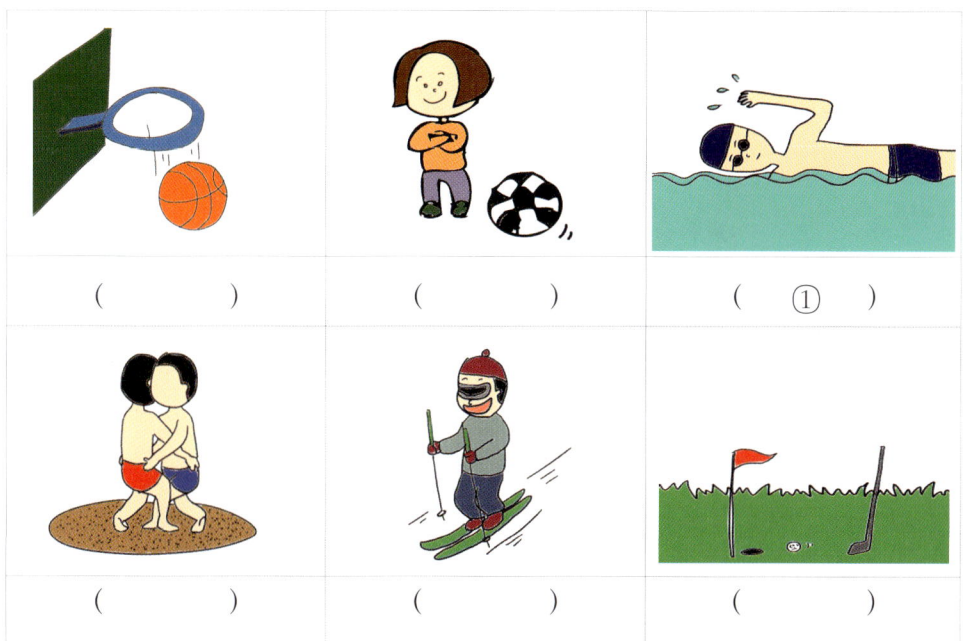

( )   ( )   (①)

( )   ( )   ( )

새 단어

준비 운동
차다
상대편
골대
힘
기술
맞잡다
넘어뜨리다
이기다
던지다
땅
채
구멍

② 빈칸에 알맞은 말을 쓰세요.

① 한 팀에 (   ) 명이 필요합니다. ─── 축구

② 더울 때 하면 좋아요. (   )에서도 할 수 있어요. ───

③ 눈 오는 (   )에 하는 스포츠입니다. ───○

④ (   ) 사람이 작은 사람보다 잘할 수 있어요. ───○

제23과 이 공연이 마음에 들어요

아래 그림을 보고 이야기합시다.

새 단어

사물놀이	전통놀이
악기	연주하다
기회	국악박물관
시청	연락처
실수	결정하다
세계 여행	방송국
기회가 있다(없다)	

지 훈 제니 씨, 저게 바로 사물놀이예요.

제 니 그렇군요. 저는 오늘 처음 봤어요.

지 훈 사물놀이는 한국의 전통놀이인데 네 가지 악기로 연주하는 거예요.

제 니 아주 재미있는 것 같아요. 이 공연이 마음에 드는데 기회가 있으면 사물놀이를 해 보고 싶네요.

지 훈 국악박물관에 가면 사물놀이를 해 볼 수 있어요. 한번 가 보세요.

제 니 요즘은 너무 바빠서 시간이 있을지 모르겠어요. 다음에 시간이 있을 때 꼭 한번 가 봐야겠어요. 그런데 사물놀이는 오늘만 볼 수 있어요?

지 훈 아니요. 매주 토요일마다 시청 앞에서 공연을 해요.

제 니 아, 그래요? 다음에 또 보고 싶네요.

지 훈 그러면 우리 같이 다음 주에 한 번 더 보기로 해요.

문법01 주말에 날씨가 좋을지 모르겠어요

A/V-(으)ㄹ지 모르겠다

그 음식이 맛있을지 모르겠어요.
치마가 이 티셔츠에 어울릴지 모르겠어요.
여동생이 바빠서 같이 여행 갈 수 있을지 모르겠어요.
흐엉 씨가 벤자민 씨의 연락처를 알지 모르겠어요.

A/V-(으)ㄹ지 모르겠다

① 내일 날씨가 좋다   내일 날씨가 좋을지 모르겠어요.

② 시험을 잘 보다

③ 이번 여행이 재미있다

④ 크리스마스에 눈이 오다

⑤ 이 치마가 잘 맞다

⑥ 3단계에 올라갈 수 있다

⑦ 내년에 대학교에 갈 수 있다

연습합시다 1-1 'A/V-(으)ㄹ지 모르겠다'를 사용해서 대화를 완성하세요.

여행하다   공부하다   먹다   재미있다   가다   만나다

1. 가 저녁에 만날 수 있어요?
   나 머리가 아파서 _____.

2. 가 오늘 시험 공부 할 거예요?
   나 아르바이트를 해야 해서 _____.

3. 가 미국 여행 혼자 할 수 있어요?
   나 영어를 잘 못해서 혼자 _____.

4. 가 김치찌개를 드시겠어요? 매운데 먹을 수 있어요?
   나 매운 음식을 잘 못 먹어서 _____.

5. 가 주말에 산에 갈 수 있을까요?
   나 비가 많이 와서 산에 _____.

6. 가 요즘 유행하는 영화인데 재미있을까요?
   나 저는 저 영화를 본 적이 없어서 _____.

연습합시다 1-2

'A/V(으)ㄹ지 모르겠어요'를 사용해서 [보기]와 같이 대화를 완성하세요.

보기

가 마리 씨, 이번 주말에 뭐 해요?
나 좀 바쁜데요, 왜요?
가 시간이 있으면 토요일에 만날 수 있어요?
나 글쎄요, 공부를 해야 해서 만날 수 있을지 모르겠어요.

① 가 이 음식을 흐엉 씨가 만들었어요?
　 나 네, 제가 만들었어요.
　 가 맛있을 것 같아요.
　 나 글쎄요, 제가 처음 음식을 _____ (-아/어서) _____ .

② 가 동대문 시장에 가서 쇼핑할까요?
　 나 네, 그럽시다.
　 가 동대문 시장에서 가방도 팔까요?
　 나 글쎄요, 제가 동대문 시장에 _____ (-아/어서) _____ .

③ 가 _____ 씨, 이번 방학에 뭐 할 거예요?
　 나 _____ .
　 가 저와 같이 _____ ?
　 나 글쎄요, 제가 방학에 _____ (-아/어서) _____ .

문법 02 · 방학 때 프랑스에 가기로 했어요

V-기로 하다

새벽마다 운동을 하기로 합시다.
오늘부터 공부를 열심히 하기로 했어요.
우리 다음 주에 만나기로 하는 게 어때요?
시간이 안 맞아서 내일 다시 결정하기로 했어요.
10년 후에 친구하고 세계 여행을 가기로 했어요.

연습합시다 2-1 'V-기로 하다'를 사용해서 그림을 보고 문장을 만드세요.

보기

가 벌써 일어났어요?

나 오늘부터 일찍 일어나서 운동하기로 했어요.

---

①

가 올해 계획이 뭐예요?

나 _____.

②

가 이번 방학에 뭐 할 거예요?

나 _____.

③

가 주말에 시간 있어요?

나 _____.

④

가 언제 결혼해요?

나 _____.

연습합시다 2-2 [보기]와 같이 질문에 답해 보세요.

보기

가 어디에서 친구를 만날 거예요?
나 <u>명동역에서 만나기로 했어요.</u>

① 가 저녁에 무엇을 해요?
　나 ＿＿＿＿＿＿＿＿＿＿＿＿＿＿＿＿＿＿＿＿＿＿＿＿＿＿＿.

② 가 방학이 되면 무엇을 할 거예요?
　나 ＿＿＿＿＿＿＿＿＿＿＿＿＿＿＿＿＿＿＿＿＿＿＿＿＿＿＿.

③ 가 주말에 무엇을 할까요?
　나 ＿＿＿＿＿＿＿＿＿＿＿＿＿＿＿＿＿＿＿＿＿＿＿＿＿＿＿.

④ 가 언제 여행을 떠나기로 했어요?
　나 ＿＿＿＿＿＿＿＿＿＿＿＿＿＿＿＿＿＿＿＿＿＿＿＿＿＿＿.

⑤ 가 선물은 무엇을 사기로 했어요?
　나 ＿＿＿＿＿＿＿＿＿＿＿＿＿＿＿＿＿＿＿＿＿＿＿＿＿＿＿.

⑥ 가 점심은 무엇을 먹기로 했어요?
　나 ＿＿＿＿＿＿＿＿＿＿＿＿＿＿＿＿＿＿＿＿＿＿＿＿＿＿＿.

한걸음 더!

기회가 있다/없다

기회가 있으면 방송국에 가 보고 싶어요.
기회가 있으면 한국에서 일을 할 거예요.
기회가 없어서 태권도를 배운 적이 없어요.
그분을 만날 기회가 없었어요.

N이/가 마음에 들다

구두가 마음에 들어요.
그 선물이 마음에 들어요?
옷이 마음에 들지 않아요.
마음에 드는 자동차가 있어요.

N 가지

한국 음식 세 가지를 이야기해 보세요.
사물놀이는 네 가지 악기로 연주하는 음악이에요.
할 수 있는 운동이 몇 가지예요?
여러 가지 과일을 샀어요.

읽고 말하기

다음을 읽고 답하세요.

벤자민 씨가 어머니와 약속을 했어요.
작년에는 공부도 열심히 안 하고 매일 놀았는데, 올해는 벤자민 씨가 자신의 생활을 바꾸려고 해요.

벤자민의 약속
1. 아침 7시에 일어나서 운동하기로 했어요.
2. 일주일에 세 번 도서관에 가기로 했어요.
3. 한국 친구들에게 프랑스어를 가르치기로 했어요.
4. 하루에 한 번 부모님께 전화하기로 했어요.
5. 평일에는 게임을 하지 않기로 했어요.
6. 수영을 배우기로 했어요.

새 단어
자신

● 여러분도 자신과 약속을 해 보세요.

_____의 약속
1.
2.
3.
4.
5.
6.

듣고 말하기

듣고 답하세요.

1 마리 씨는 왜 제니 씨와 같이 휴대 전화 가게에 가려고 합니까?

① 제니 씨가 시간이 많아서
② 제니 씨가 한국말을 잘해서
③ 제니 씨의 여권이 필요해서
④ 제니 씨도 휴대 전화를 바꿔야 해서

2 마리 씨는 무엇을 준비해야 됩니까? 모두 고르세요.

① (휴대 전화)　② (여권)　③ (지갑)　④ (외국인 등록증)

3 제니 씨와 마리 씨가 휴대 전화 가게에 있습니다. 대화를 만들어 보세요.

직원	어서 오세요. 어떻게 오셨어요?
제니	_____ -(으)려고 왔어요.
직원	이리 오세요. 어떤 휴대 전화를 찾으세요?
제니	디자인이 _____, _____-(으)면 좋겠어요.
직원	여기에 있는 휴대 전화를 보면 됩니다. 요즘 아주 좋은 새 휴대 전화들이 많아요. 그런데 휴대 전화를 바꾸려면 _____ 와/과 _____ 이/가 필요해요.
제니	갖고 왔어요.
직원	그러면 휴대 전화를 골라보세요.
제니	이 휴대 전화 얼마예요?
직원	_____.
제니	_____.

제24과 한국 드라마가 인기예요

아래 그림을 보고 이야기합시다.

새 단어

프로그램   주인공
방금   촬영(하다)
씩씩하다   떡볶이
피자   화장하다
소풍   생기다
눈(이) 내리다

흐 엉 제니 씨, 저 흐엉이에요. 지금 뭐 해요?
제 니 드라마를 보고 있어요.
흐 엉 무슨 드라마예요?
제 니 '별에서 온 사람'이라는 드라마인데 요즘 아주 인기 있어요.
흐 엉 재미있어요?
제 니 네, 재미있어 죽겠어요. 드라마 주인공이 아주 멋있어요.
흐 엉 우리나라에서도 한국 드라마가 아주 인기예요.
제 니 그렇군요. 그런데 흐엉 씨는 무슨 프로그램을 자주 봐요?
흐 엉 저는 가수들이 나와서 노래하는 음악 프로그램을 매주 봐요.
제 니 저도 음악 프로그램을 좋아해요. 가수같이 노래를 잘 부르고 싶어요. 그런데 흐엉 씨는 지금 뭐 해요?
흐 엉 방금 집에 들어왔는데 시험 때문에 빨래를 못 해서 빨래나 하려고 해요.
제 니 다른 약속 없으면 빨래 다 하고 우리 집에 와서 같이 저녁 먹을래요?
흐 엉 좋아요. 그럼 빨리 하고 갈게요.

문법01 비 오는 것을 보고 있어요

V-는 것을 보다

비 오는 것을 보고 있어요.
아이들이 게임하는 것을 봤어요.
한강 공원에서 드라마를 촬영하는 것을 봤습니다.
친구가 춤을 잘 추는 것을 보니까 저도 배우고 싶습니다.

① 아이들이 케이크를 맛있게 먹어요. /
　(그것을) 어머니가 보고 있어요.
② 텔레비전에서 가수가 춤을 춰요. /
　(그것을) 재미있게 봤어요.
③ 두 사람이 같이 도서관에 가요. /
　(그것을) 에리나 씨가 봤어요.
④ 밖에 눈이 와요. /
　(그것을) 학생들이 보고 있어요.
⑤ 길에서 친구들이 싸워요. /
　(그것을) 선생님께서 보셨어요.

V-는 것을 보다

어머니가 아이들이 케이크를 맛있게 먹는 것을 보고 있어요.

연습합시다 1

'V-는 것을 보다'를 사용해서 문장을 완성하세요.

보기

가 벤자민 씨, 지훈 씨가 집에 가는 것을 봤어요?
나 네, 봤어요. / 아니요, 못 봤어요.

(지훈 씨/집에 가다)

① 가 에리나 씨, _____?
　나 아니요, _____.

(사람들/사진을 찍다)

② 가 지훈 씨, _____?
　나 네, _____.

(두 사람/데이트하다)

③ 가 마리 씨, _____?
　나 네, _____.

(선생님/노래 부르다)

④ 가 선생님, _____?
　나 네, _____.

(눈/내리다)

문법02 아기가 천사같이 예뻐요

N같이 A/V

동생은 강아지같이 귀여워요.
그녀의 얼굴은 눈같이 하얘요.
우리 아버지는 요리사같이 요리를 잘 하세요.

N같이 A/V

① 지금은 가을인데 겨울같이 아주 추워요.

② 에리나 씨는 _____ 노래를 잘 불러요.

③ 잠자는 아기가 _____ 예뻐요.

④ 마이클 씨는 _____ 한국말을 잘해요.

⑤ 제 여동생은 _____ 씩씩해요.

연습합시다 2   [보기]와 같이 문장을 완성하세요.

보기  제 친구는 배우같이 아주 예뻐요.

① 제 동생은 _____ 음식을 _____.

② 마리 씨는 _____ 노래를 _____.

③ 지훈 씨는 _____ 수영을 _____.

④ 제 친구 _____ 은/는 _____.

⑤ _____ 은/는 _____.

⑥ _____ 은/는 _____.

문법03 우리 떡볶이나 먹을래요?

N(이)나

저녁에 친구나 만나려고 해요.
시간이 있으면 커피숍이나 갑시다.
오후에 영화나 보러 가는 게 어때요?

연습합시다 3

보기
가 배고파요.
나 내가 지금 시간이 없는데 어떡하지요?
가 그럼 김밥이나 먹읍시다.

① 가 친구 생일인데 지금 돈이 조금밖에 없어요.
　 나 나도 그래요.
　 가 그럼 _____.

② 가 영화가 몇 시에 시작하지요?
　 나 영화 시작하려면 1시간 동안 기다려야 해요.
　 가 그럼 _____.

③ 가 엄마, 배고픈데 밥 좀 주세요.
　 나 집에 밥이 없는데….
　 가 그럼 _____.

④ 가 이따가 쉬는 시간에 _____?
　 나 좋아요.

⑤ 가 휴일에 뭐 할 거예요?
　 나 _____.

⑥ 가 _____?
　 나 _____.

문법04 많이 아팠군요

A/V-았/었군요

오늘 화장했군요.
세탁기가 고장 났군요.
아이들이 소풍을 왔군요.
차가 많아서 길이 복잡했군요.
남자 친구가 생겨서 예뻐졌군요.

연습합시다 4   'A/V-았/었군요'를 사용해서 문장을 완성하세요.

보기  집에서 쉬었군요.

1. _____.

2. _____.

3. _____.

4. _____.

5. _____.

한걸음 더!

A-아/어(서) 죽겠다

배고파서 죽겠어요.
힘들어서 죽겠어요.
더워 죽겠는데 아이스크림을 먹을까요?

이따(가)

이따가 전화하겠습니다.
이따가 도서관에 갈까요?
이따 이야기합시다.
이따 말하세요.

아까

아까 친구와 같이 운동했어요.
아까 도서관에 가려고 했는데 못 갔어요.
아까 점심을 먹었는데 배고파요.

읽고 말하기

다음을 읽고 답하세요.

안녕하세요. 저는 뚜엔이라고 합니다. 베트남 사람이에요.

① 저는 4년 전에 친구 집에서 숙제를 하다가 한국 드라마를 보고 한국을 처음 알게 되었어요. 제가 본 드라마는 커피를 만들면서 남자 주인공과 여자 주인공이 사랑하게 되는 내용이었어요.

② 저는 드라마를 좋아하는데 특히 한국 드라마가 재미있는 것 같아요. 또 한국 배우들은 다 예쁘고 멋있어요.

③ 그 때부터 고향에서 한국 드라마를 보면서 혼자 한국어를 공부했어요. 고등학교를 졸업하면 한국에 가서 한국어를 공부하고 싶었어요. 그래서 한국에 오게 되었어요.

④ 한국 친구들도 많이 사귀게 되었고요.

새 단어

내용

❶ 뚜엔은 어떻게 한국을 알게 되었어요?

❷ ① ~ ④ 중 알맞은 곳에 찾아 넣으세요.

㉠ 제가 한국에 온 이유에 대해서 이야기하려고 해요. (   )

㉡ 지금은 한국에서 생활하고 한국어를 공부하게 되어서 아주 좋아요. (   )

❸ 여러분이 알고 있는 한국 드라마가 있나요? 어떤 내용이에요? 한번 소개해 보세요.

제가 알고 있는 드라마는 _____ 입니다.

 **듣고 말하기** 듣고 답하세요.

① 여자는 왜 경찰서에 왔어요?

새 단어

경찰서

② 여자가 찾는 강아지를 고르세요.

① 　② 　③

③ 빈칸에 알맞은 것을 쓰세요.

① (　　　)에서 강아지가 없어졌어요.

② 강아지 이름은 (　　　)예요/이에요.

③ 강아지는 (　　　) 살이에요. 그리고 (　　　) 색이에요.

제 25 과 시내 구경하기를 좋아해요

아래 그림을 보고 이야기합시다.

새 단어

찻집　한식당
주변　낫다
짓다　큰일이다
큰일(이) 나다
놓치다　입에 맞다
통화하다　끊다
시간(이) 나다

다니엘　지훈 씨는 주말에 뭐 했어요?
지 훈　저는 시내 구경하기를 좋아해서 친구하고 서울 구경을 했어요.
다니엘　어디에 갔는데요?
지 훈　인사동에 갔는데 주변에 전통 찻집하고 한식당이 많았어요.
다니엘　저는 인사동을 안 가 봤는데 버스로 갈 수 있어요?
지 훈　버스를 타고 가면 좀 복잡해요. 길을 잃어버리면 큰일이니까 지하철을 타고 가는 게 나아요.
다니엘　거기에서 뭐 했어요?
지 훈　거리를 구경하고 점심을 먹었는데 불고기가 정말 맛있었어요. 불고기가 우리 입에 잘 맞았어요.
다니엘　그렇군요. 시간이 나면 저도 가 봐야겠어요.
지 훈　꼭 가 보세요.

문법01 저녁에 운동하기를 좋아해요

맛있는 음식 먹기를 좋아해요.

V-기를 좋아하다[싫어하다]

주말에는 친구 만나기를 좋아해요.
제 동생은 영어 공부하기를 싫어해요.
다니엘 씨는 저녁에 운동하기를 좋아해요.
저는 비가 오면 집에서 음악 듣기를 좋아해요.

연습합시다 1

1 아래 표를 보고 문장을 완성하세요.

	☺	☹
보기	맛있는 음식을 먹다	요리를 하다
①	운동 경기를 구경하다	운동을 하다
②	쇼핑하다	일하다
③	남자/여자 친구와 데이트하다	가족과 같이 시간을 보내다

보기 저는 요리하는 것보다 맛있는 음식 먹기를 좋아해요.

① _____.

② _____.

③ _____.

2 여러분은 무엇을 더 좋아해요?

① 영어를 공부하다 / 한국어를 공부하다

_____.

② 야구 구경하다 / 축구 구경하다

_____.

③ 쓰기 공부하다 / 말하기 공부하다

_____.

④ 산에 가다 / 바다에 가다

_____.

문법02 버스보다 지하철을 타는 것이 나아요

'ㅅ' 불규칙

	-아요/어요	-아서/어서	-(으)면서	-(으)세요	-(스)ㅂ니다
짓다	지어요	지어서	지으면서	지으세요	짓습니다
낫다	나아요	나아서	나으면서	나으세요	낫습니다

어떤 신발이 더 낫습니까?
이 건물은 지은 지 10년 되었어요.
할아버지께서 제 이름을 지어 주셨어요.
약을 먹고 쉬니까 감기가 다 나았어요.

연습합시다 2   '짓다'와 '낫다'로 다음의 문법을 사용해서 대화를 완성하세요.

-아서/어서   -(으)ㄹ 테니까   -아/어 주다   -(으)ㄴ 지
-고   -(으)ㄴ가요   -(으)ㄹ 것 같아요   -는지

1. 가 나중에 어디에서 살고 싶어요?
   나 고향에 집을 _____ 살고 싶어요.

2. 이 건물은 _____ 5년이 되었어요.

3. 어디에 학교를 _____ 알아요?

4. 20년 후에 3층 집을 _____ 같이 삽시다.

5. 내가 우리 집 강아지 이름을 _____.

6. 어느 옷이 더 _____ ?

7. 바쁠 때는 식당에 가는 것보다 _____.

문법03   학교에 늦으면 큰일이에요

A/V-(으)면 큰일이다 / A/V-(으)면 큰일(이) 나다

비행기 표가 없으면 큰일이에요.
시험을 못 보면 큰일이에요.
내일 여행을 가야 하는데 비가 오면 큰일이에요.

이 버스를 놓치면 큰일 나요.
오늘 숙제를 하지 않으면 큰일 나요.

연습합시다 3 [보기]와 같이 쓰세요.

비행기 표가 없다   눈이 오다   학교에 늦다
지갑을 잃어버리다   기차를 놓치다

보기 시험인데 결석을 하면 큰일이에요.

1. 방학에 고향에 가는데 _____.

2. 12시에 기차가 출발하는데 _____.

3. 산에 가는데 _____.

4. 수업이 9시에 시작하는데 _____.

5. 지갑에 돈이 많이 있는데 _____.

한걸음 더!

N이/가 N에 맞다
김치가 다니엘 씨 입에 맞아요?
이 일이 제 성격에 맞아요.
조건에 맞는 집을 찾을 수 있어요?

전화를 걸다
에리나 씨에게 전화를 걸어 보세요.
부모님께 언제 전화를 걸었어요?

* 전화가 오다
어젯밤에 전화가 왔는데 못 받았어요.

* 전화를 받다
너무 늦게 전화하면 전화를 받을 수 없어요.

* 전화를 끊다
부모님과 통화할 때 전화를 먼저 끊으면 안 돼요.

* 전화를 바꿔 주다
다니엘 씨에게 전화를 바꿔 줄게요.

시간이 나다
시간이 나면 뭘 해요?
내일 시간이 나면 같이 영화 보러 가요.
주말마다 시간이 나서 운동을 하러 가요.

읽고 말하기
다음을 읽고 답하세요.

제 니 　벤자민 씨, 한국 음식을 좋아해요?
벤자민 　네, 아주 좋아해요.
제 니 　뭘 제일 좋아해요?
벤자민 　저는 한국 음식을 다 좋아하는데 특히 닭갈비를 아주 좋아해요. 춘천에 가면 맛있는 닭갈비를 먹을 수 있어요.
제 니 　그럼 방학에 같이 가 볼까요?
벤자민 　좋아요! 다른 친구들도 갈 수 있는지 물어보는 게 어때요?
제 니 　좋아요. 그런데 아마 다니엘 씨는 못 갈 거예요. 방학에 고향에 가려고 비행기 표를 예약한 것 같아요.
벤자민 　그렇군요.
제 니 　그런데 춘천에는 어떻게 가지요?
벤자민 　요즘은 서울에서 춘천까지 지하철을 타고 편하게 갈 수 있어요. 한 시간쯤 걸릴 거예요.

새 단어
익숙하다
특히

① 맞으면 O, 틀리면 X 하세요.

① 춘천에 지하철을 타고 가려고 해요. (　　)

② 다니엘 씨는 춘천에 같이 갈 수 있을 거예요. (　　)

③ 벤자민 씨는 아직 한국 음식이 익숙하지 않아요. (　　)

② 빈칸에 알맞은 말을 쓰세요.

벤자민 씨와 제니 씨는 (① 　　　　)에 춘천으로 닭갈비를 먹으러 가려고 해요. 다른 친구들도 같이 가려고 하는데 다니엘 씨는 (② 　　　　 (-아/어서)) 아마 못 갈 거예요. 서울에서 춘천까지 (③ 　　　　)쯤 가야 해요.

듣고 말하기

듣고 답하세요.

① 중고품 시장은 무엇입니까?

　　　　　　　　을/를 파는 곳이 아니고 　　　　　　을/를 파는 시장입니다.

새 단어
중고품
가전제품
헌 N

② 중고품 시장에 없는 물건은 무엇입니까?

① 책　　　② 피아노　　　③ 카메라　　　④ 텔레비전

③ 다음 중 맞지 않는 것을 고르십시오.

① 중고품 시장은 물건이 쌉니다.
② 제니 씨는 카메라를 사려고 합니다.
③ 제니 씨는 중고품 시장에서 쇼핑하기를 좋아합니다.
④ 다니엘 씨는 한국의 중고품 시장에 간 적이 없습니다.

제26과 김치와 된장이 건강에 좋다고 해요

아래 그림을 보고 이야기합시다.

새 단어

뉴스	된장
약간	소식
팔	한글날
떡국	이름표
삼거리	나누다
결혼식	유학
상처가 나다	

에리나 어제 뉴스를 봤는데 김치와 된장이 건강에 아주 좋다고 해요.

민 지 네, 저도 그 이야기를 많이 들었어요. 그래서 할머니께 김치와 된장이 어디에 좋으냐고 물어봤어요.

에리나 어디에 좋다고 하셨어요?

민 지 김치와 된장을 많이 먹으면 감기에도 안 걸리고 건강해진다고 하셨어요.

에리나 민지 씨는 김치를 어떻게 만드는지 알아요?

민 지 지난주에 집에서 김치를 만들었어요.

에리나 맛있었어요?

민 지 네, 맛있었지만 저는 김치는 만들어 놓고 며칠 후에 먹는 것이 더 맛있는 것 같아요. 건강에도 좋고요.

문법01 김치가 건강에 좋다고 했어요

A-다고 하다
V-ㄴ/는다고 하다

제주도가 아주 아름답다고 해요.
흐엉 씨가 요즘 고향 날씨가 좋다고 했어요.
벤자민 씨가 이번 주에 선생님을 만난다고 했어요.

A/V-았/었다고 하다

어제는 약간 힘들었다고 했어요.
그 소식을 신문 기사에서 읽었다고 했어요.
축구할 때 다쳐서 팔에 상처가 났다고 했어요.

N(이)라고 하다

한글날은 공휴일이라고 해요.
흐엉 씨 생일이 내일이라고 했어요.
벤자민 씨 여자 친구가 한국 사람이라고 했어요.

연습합시다 1-1   문법을 사용해서 문장을 완성하세요.

1 V-ㄴ다고/는다고 (말)하다[듣다] / A-다고 (말)하다[듣다]

	V-ㄴ다고/는다고 (말)하다 / A-다고 (말)하다
친구들이 말해요. / "시험이 너무 어려워요."	
마이클 씨가 말했어요. / "저는 매일 아침을 안 먹어요."	
윌슨 씨가 말해요. / "제 동생은 저보다 훨씬 커요."	

	V-ㄴ다고/는다고 듣다 / A-다고 듣다
(제가) 들었어요. / "여름에 사람들은 바다로 갑니다."	
(제가) 들었어요. / "한국 야구 경기가 재미있습니다."	
(제가) 들었어요. / "한국 사람들은 설날에 떡국을 먹어요."	
(제가) 들었어요. / "방학은 11월 25일에 시작합니다."	

2 N(이)라고 하다

	N(이)라고 하다
"이 꽃은 장미입니다."	
"학교 전화번호가 871-5426이에요."	
"오늘은 한글날입니다."	
"방학은 12월 3일입니다."	

연습합시다 1-2 [보기]와 같이 문장을 간접화법으로 바꾸세요.

보기

에리나 "오늘 날씨가 좋지 않아요."
→ 에리나 씨가 오늘 날씨가 좋지 않다고 했어요.

① 흐엉 "그 영화가 슬퍼요."
→   .

② 테츠야 "어제 많이 먹어서 배가 아파요."
→   .

③ 벤자민 "오늘 날씨가 좋을 것 같아요."
→   .

④ 다니엘 "책에 이름표를 붙여요."
→   .

⑤ 민지 "제가 자주 먹는 음식은 라면이에요."
→   .

⑥ 승기 "에리나 씨는 책을 읽지 않아요."
→   .

⑦ 지훈 "제가 사는 곳은 사당동이에요."
→   .

연습합시다 1-2

⑧ 제 니 "요즘 한국 노래를 많이 들어요."
→ _____.

⑨ 흐 엉 "아침에는 택시보다 지하철이 빨라요."
→ _____.

⑩ 지 훈 "주말에 친구와 영화를 봤어요."
→ _____.

⑪ 선생님 "한국 음식 중에서 불고기가 제일 맛있어요."
→ _____.

⑫ 어머니 "지난주에 꽃이 많이 피었어요."
→ _____.

⑬ 왕 홍 "중국의 음식 문화가 정말 재미있어요."
→ _____.

⑭ 아저씨 "왼쪽으로 올라가면 삼거리예요."
→ _____.

⑮ 벤자민 "나는 동생하고 빵을 나눠서 먹어요."
→ _____.

⑯ 에리나 "저녁에 일이 있어서 외출해요."
→ _____.

문법02 어디에 좋으냐고 했어요

A-(으)냐고 하다
V-느냐고 하다

어머니께서 한국이 많이 더우냐고 했어요.
테츠야 씨가 기분이 어떠냐고 했어요.
제니 씨가 부산에 갈 때 어떻게 가느냐고 했어요.

오빠가 무엇을 잘 먹느냐고 했어요.
친구가 어제 뭐 했느냐고 했어요.
한국에 온 지 얼마나 되었느냐고 했어요.

연습합시다 2 [보기]와 같이 문장을 간접화법으로 바꾸세요.

보기

선생님 "오늘 날씨가 좋아요?"

→ 선생님께서 오늘 날씨가 좋으냐고 하셨어요.

① **테츠야** "시험이 어려울 것 같아요?"

→ _____.

② **벤자민** "누구에게 전화를 걸어요?"

→ _____.

③ **흐 엉** "어디에 살아요?"

→ _____.

④ **의 사** "어디가 아파요?"

→ _____.

⑤ **승 기** "오늘 제니 씨가 예뻐 보이지 않아요?"

→ _____.

⑥ **제 니** "날씨가 따뜻하지 않아요?"

→ _____.

⑦ **왕 홍** "한국어를 언제부터 배웠어요?"

→ _____.

⑧ **다니엘** "어제 날씨가 어땠어요?"

→ _____.

⑨ **에리나** "벤자민 씨를 만난 지 얼마나 되었어요?"

→ _____.

문법03 불고기를 만들려고 고기를 사 놓았어요

V-아/어 놓다

비행기 표를 예약해 놓았습니다.
숙제를 미리 해 놓고 놀러 가는 게 어때요?
친구의 결혼식 장소를 인터넷에서 찾아 놓았어요.
어제 부모님께 드릴 선물을 사 놓았는데 잃어버렸어요.

연습합시다 3 'V-아/어 놓다'를 사용해서 질문에 대답하세요.

보기
가 무슨 음식을 만들어 놓을까요?
나 불고기를 만들어 놓으세요.

① 가 다음 주가 어머니 생신인데 어떻게 하면 좋을까요?
   나 _____.

② 가 몇 시 비행기 표를 예약할까요?
   나 _____.

③ 가 어떤 영화표를 예매할까요?
   나 _____.

④ 가 여행을 가는데 무엇을 해야 돼요?
   나 _____.

⑤ 가 유학 가기 전에 무엇을 준비해야 돼요?
   나 _____.

⑥ 가 대학교에 가기 전에 무엇을 준비해야 돼요?
   나 _____.

듣고 말하기 듣고 답하세요.

① 무엇에 대해서 이야기했습니까?

① 잠
② 건강
③ 음식
④ 운동

② 한국 병원 의사 선생님이 뭐라고 했어요? 맞으면 O, 틀리면 X 하세요.

① 아침을 안 먹어요. (   )
② 매일 여덟 시간 자요. (   )
③ 매일 세 번 운동을 해요. (   )
④ 빨리 걷거나 자전거를 타는 운동을 해요. (   )
⑤ 매일 같은 시간에 자고 같은 시간에 일어나요. (   )

③ 무엇을 하면 건강해져요? 요즈음 여러분은 무엇을 하고 있어요. 이야기해 봅시다.

제 27 과 해님과 달님

아래 그림을 보고 이야기합시다.

새 단어

해　　달
오누이　마을
호랑이　떡
잡아먹다　얼른
넘다

옛날 어느 마을에 어머니와 오누이가 살고 있었어요. 어느 날 어머니가 다른 마을에 일을 하러 가게 되었어요. 어머니는 떠나면서 아이들에게 모르는 사람이 오면 문을 열어 주지 말라고 했어요. 어머니는 일을 하고 밤늦게 집으로 돌아오고 있었어요.
첫 번째 산을 넘는데 호랑이를 만났어요.
"떡 하나 주면 안 잡아먹지!" 하고 호랑이가 말했어요.
어머니는 얼른 떡을 한 개 주었어요.
두 번째 산을 넘는데 또 호랑이를 만났어요.
"떡 하나 주면 안 잡아먹지!" 하고 호랑이가 말했어요.
어머니는 또 떡을 주었어요.
세 번째, 네 번째 산에서도 또 호랑이를 만났어요. 이제 떡이 하나도 안 남았어요. 그래서 호랑이는 어머니를 잡아먹어 버렸

어요.

호랑이는 어머니의 옷을 입고 아이들이 있는 집으로 갔어요. 그리고 문을 열라고 했어요. 아이들은 "우리 엄마 목소리가 아니에요!" 하고 대답했어요. 호랑이는 힘들어서 그렇다고 말했어요. 그때, 오빠가 말했어요. "그럼 손을 한번 보여 주세요!" 호랑이가 앞발을 보여 주니까 아이들이 말했어요.

"우리 엄마 손이 아니에요!"

호랑이는 일을 많이 해서 그렇다고 말했어요.

그 말을 믿은 동생이 문을 열어 주었어요.

호랑이를 보고 놀란 오누이는 뒷문으로 도망갔어요. 그리고 오빠가 동생에게 나무 위로 올라가자고 했어요. 호랑이는 나무 아래에서 어떻게 올라갔느냐고 물었어요.

오빠가 대답했어요. "기름을 바르고 올라왔지요!"

그 말을 듣고 호랑이는 나무에 기름을 바르고 올라가려고 했는데 기름 때문에 미끄러워서 떨어졌어요.

그것을 본 동생이 웃으면서 "도끼를 찍으면서 올라오면 되는데……" 하고 말해 버렸어요.

호랑이는 바로 도끼를 찾아서 나무 위로 올라오려고 했어요. 무서워진 오누이는 하늘에 기도했어요.

"하나님, 저희를 살려 주세요."

그때 하늘에서 줄이 내려왔어요. 오누이는 그것을 잡고 하늘로 올라갔어요. 그것을 본 호랑이도 하늘에 기도했어요.

"하나님, 저에게도 줄을 내려 주세요!"

그때 또 하늘에서 줄이 내려왔는데 그 줄은 낡은 줄이었어요. 호랑이는 그것을 잡고 올라가다가 줄이 끊어져서 땅에 떨어졌어요.

하늘로 올라간 오빠는 해가, 동생은 달이 되었습니다.

새 단어

앞발	믿다
놀라다	뒷문
도망가다	나무
올라가다	기름
바르다	미끄럽다
떨어지다	도끼
찍다	하늘
기도하다	하나님
잡다	줄
낡다	끊어지다
서두르다	이용하다
노약자석	얼음

문법01 문을 열어 주지 말라고 했어요

V-(으)라고 하다

의사 선생님께서 이 약을 매일 먹으라고 하셨습니다.
여기에 이름을 쓰라고 하셨어요.
교실이 더우니까 창문을 열라고 했어요.

V-지 말라고 하다

저는 동생에게 게임을 많이 하지 말라고 했어요.
교실에서 담배를 피우지 말라고 하셨어요.
길이 막히니까 택시를 타지 말라고 했어요.

V-아/어 주라고[달라고] 하다

어머니께서 동생에게 아이스크림을 사 주라고 하셨어요.
선생님께서 반장에게 칠판을 지워 달라고 하셨어요.
흐엉 씨가 벤자민 씨에게 전화번호를 가르쳐 달라고 했어요.

연습합시다 1-1 [보기]와 같이 문장을 간접화법으로 바꾸세요.

보기

선생님 "내일까지 숙제를 꼭 내세요."
→ 선생님께서 내일까지 숙제를 꼭 내라고 하셨어요.

① **선생님** "오후에 비가 올 테니까 우산을 준비하세요."
→   .

② **에리나** "한국어를 잘하려면 매일 한국어 신문을 읽으세요."
→   .

③ **다니엘** "지금 지훈 씨가 없으니까 내일 다시 전화하세요."
→   .

④ **직　원** "여기에 들어가지 마십시오."
→   .

⑤ **흐　엉** "제 편지를 다른 사람에게 보여 주지 마세요."
→   .

⑥ **선생님** "이 책을 테츠야 씨에게 보여 주세요."
→   .

⑦ **민　지** "오늘 저녁에 (저에게) 전화해 주세요."
→   .

연습합시다 1-2 [보기]와 같이 대화를 완성하세요.

보기
가 시간이 없으니까 서두르세요.
나 네? 뭐라고요?
가 시간이 없으니까 서두르라고 했어요.

① 가 술을 너무 많이 마시지 마세요.
　 나 너무 시끄러워서 잘 못 들었어요.
　 가 _____.

② 가 이 약을 하루에 세 번 꼭 드세요.
　 나 죄송합니다. 다시 한 번 말씀해 주세요.
　 가 _____.

③ 가 다음 주까지 이 책을 갖다 주세요.
　 나 네?
　 가 _____.

④ 가 처음 온 친구에게 수업 시간을 가르쳐 주세요.
　 나 네? 잘 못 들었어요.
　 가 _____.

⑤ 가 오늘은 날씨가 별로 좋지 않으니까 산에 올라가지 마세요.
　 나 뭐라고요?
　 가 _____.

⑥ 가 라면 좀 끓여 주세요.
　 나 네? 뭐라고요?
　 가 _____.

문법 02 나무 위로 올라가자고 했어요

V-자고 하다

제니 씨가 같이 사물놀이를 보러 가자고 했어요.
시간이 있으면 차나 마시자고 했어요.
내일이 설날인데 친구들에게 우리 집에서 파티 하자고 할까요?
한국어 배울 때는 한국어만 쓰자고 했어요.

V-지 말자고 하다

피곤하니까 시내에 나가지 말자고 했어요.
흐엉 씨가 잘할 테니까 걱정하지 말자고 했어요.
술을 많이 마시지 말자고 했는데…….
어머니께서 이사를 가지 말자고 했어요.

연습합시다 2-1 [보기]와 같이 문장을 간접화법으로 바꾸세요.

보기
선생님 "한 학기 동안 우리 같이 열심히 공부합시다."
선생님께서 한 학기 동안 우리 같이 열심히 공부하자고 하셨어요.

① **다니엘** "내일 시험이니까 같이 도서관에 갑시다."

② **승 기** "날씨가 좋으니까 사진이나 찍읍시다."

③ **승 기** "날씨가 좋으니까 같이 등산을 가요."

④ **선생님** "수업 시간에는 친구와 이야기하지 맙시다."

⑤ **에리나** "오늘은 머리도 아프고 피곤한데 놀러 가지 맙시다."

⑥ **민 지** "시내에 갈 때는 지하철을 이용합시다."

연습합시다 2-2   [보기]와 같이 대화를 완성하세요.

보기
가 시간이 늦었으니까 내일 다시 갑시다.
나 뭐라고 했어요?
가 시간이 늦었으니까 내일 다시 가자고 했어요.

① 가 그 영화 보지 맙시다.
　 나 뭐라고요? 잘 못 들었어요.
　 가 _____ .

② 가 길이 많이 막히네요. 다른 길로 돌아갑시다.
　 나 네?
　 가 _____ .

③ 가 이 옷은 너무 비싸니까 사지 맙시다.
　 나 네? 뭐라고요?
　 가 _____ .

④ 가 비가 많이 오네요. 집에서 좋은 음악이나 들읍시다.
　 나 뭐라고 했어요?
　 가 _____ .

⑤ 가 여기는 노약자석이니까 앉지 맙시다.
　 나 미안해요. 잘 못 들었어요.
　 가 _____ .

한걸음 더!

"   " 하고 말하다

"호랑이가 정말 무서워요." 하고 말했어요.

"얼음이 정말 차가워요." 하고 말했어요.

"이번이 마지막 기차라서 놓치면 큰일이에요." 하고 말했어요.

쓰기

다음 그림을 보고 간접화법을 사용하여 이야기를 쓰세요.

호랑이가 떡 하나 주면

안 잡아먹겠다고 했어요.

제28과 오늘은 시험이 있는 날이다

아래 그림을 보고 이야기합시다.

새 단어

기말시험	중간시험
갑자기	시험지
눈물	마지막
결과	새해
태어나다	세우다
심다	개교기념일
식목일	달다
끄다	꺼내다
수학	과학
합격(하다)	모으다
은혜	목적
만점	이상
긴장(이) 되다	
생각(이) 나다	
밸런타인데이	

5월 8일 월요일   날씨 : 비

오늘은 기말시험이 있는 날이다. 지난 중간시험 점수가 별로 좋지 않았기 때문에 이번에 시험을 잘 보고 싶었다. 그래서 매일 도서관에 가서 열심히 공부를 했다. 그런데 시험이 조금 어려웠다. 또 긴장이 되어서 책에서 본 것 같은데 갑자기 생각이 나지 않는 것도 있었다. 시험을 보면서 내 자신에게 화가 났다. 시험지를 내고 나오는데 눈물이 나올 것 같았다. 이번 학기가 끝나면 고향에 돌아간다. 그래서 마지막 시험 결과가 좋으면 좋겠다. 내일은 말하기 시험이 있는데 그 시험은 꼭 잘 볼 것이다.

문법01 오늘은 친구들과 여행 가는 날입니다

V-는 날/V-(으)ㄴ 날

오늘은 친구들과 여행 가는 날입니다.
우리가 결혼한 날에 눈이 많이 왔습니다.
한국에 처음 온 날 그 친구를 만났어요.

A-(으)ㄴ 날

오늘처럼 바쁜 날에는 길도 더 막히는 것 같아요.
날씨가 좋은 날에 집에 있는 것은 정말 싫어요.

N날

무슨 날이에요?

| 1월 1일 | 5월 5일 | 5월 8일 | 5월 15일 | 10월 1일 | 10월 9일 |

연습합시다 1   'V-는 날/V-(으)ㄴ 날'을 사용해서 대답해 보세요.

| 새해가 시작되다 | 태어나다 | 학교를 처음 세우다 | 나무를 심다 | 사랑하는 사람에게 초콜릿을 주다 |

① '생일'이 뭐예요?

② '설날'이 뭐예요?

③ '개교기념일'이 뭐예요?

④ '식목일'이 뭐예요?

⑤ '밸런타인데이'가 뭐예요?

문법02 오늘은 학교에 갔다

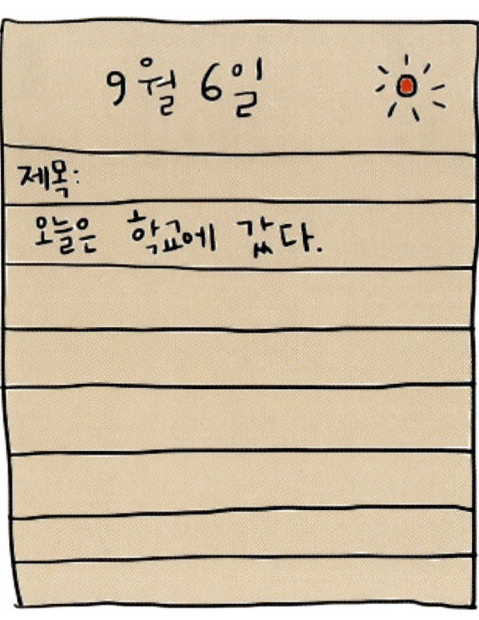

V-ㄴ다/는다 / V-았/었다 / V-(으)ㄹ 것이다/겠다

나는 스트레스가 많을 때 단 음식을 먹는다.
영화를 보기 전에 휴대전화를 꺼야 한다.
지난주에 한국어학당에 등록했다.
다음 주에 언니의 결혼식에 갈 것이다.

	V-ㄴ다/는다	V-았/었다	V-(으)ㄹ 것이다	V-겠다
배우다				
읽다				
걷다				
만들다				
가지 않다				

A-다 / A-았/었다 / A-(으)ㄹ 것이다/겠다

사랑하는 사람과 제주도에 여행을 가고 싶다.
오늘은 월요일이라서 명동이 별로 복잡하지 않다.
중학교 때 국어가 아주 재미있었다.
다음 주부터 시험 때문에 바쁠 것이다.

	A-다	A-았/었다	A-(으)ㄹ 것이다	A-겠다
좋다				
크다				
맵다				
하얗다				
춥지 않다				

N(이)다 / N이었다/였다

내 동생은 고등학생이다.
이것은 요즘 유행하는 한국 노래다.
어제는 내 생일이었다.
이것은 내 교과서가 아니다.

	N(이)다	N이/가 아니다	N이었다/였다	N이/가 아니었다
학교				
크리스마스				
선생님				
일요일				

연습합시다 2-1 'V-ㄴ다/는다, V-았/었다, V-(으)ㄹ 것이다/겠다'를 사용해서 문장을 만들어 보세요.

보기
저는 한국어학당에 다닙니다.
→ 나는 한국어학당에 다닌다.

① 요즘 친구가 아르바이트 때문에 힘들어 보여요.
→ _____.

② 제 동생은 고등학생인데 수학과 과학을 잘해요.
→ _____.

③ 가고 싶은 대학교와 전공을 아직 결정하지 못했어요.
→ _____.

④ 한국 드라마 때문에 한국을 좋아하게 되었습니다.
→ _____.

⑤ 열심히 공부해서 토픽 시험에 합격하겠어요.
→ _____.

⑥ 돈을 모아서 노트북을 살 거예요.
→ _____.

⑦ 시험을 보기 전에 책을 가방에 넣어야 해요.
→ _____.

연습합시다 2-2   [보기]와 같이 문장을 바꿔 보세요.

보기

저는 쉬는 날 집에서 혼자 영화 보는 것이 좋아요.
→ 나는 쉬는 날 집에서 혼자 영화 보는 것이 좋다.

① 우리 고향은 서울에서 아주 멀어요.
→   .

② 일주일 동안 청소를 안 해서 방이 너무 더러워요.
→   .

③ 어제 본 영화 '비밀'이 아주 재미있었습니다.
→   .

④ 저는 돈을 많이 벌면 세계 여행을 갈 거예요.
→   .

⑤ 고향에 가서 부모님을 만나면 정말 좋겠어요.
→   .

연습합시다 2-3 [보기]와 같이 문장을 바꿔 보세요.

보기

오늘은 목요일이 아니에요.
→ 오늘은 목요일이 아니다.

① 어머니는 우리에게 매우 무서운 분이셨어요.
→ _____.

② 5월 8일은 부모님의 은혜에 감사하는 날입니다.
→ _____.

③ 제가 한국에 온 목적은 한국어 공부예요.
→ _____.

④ 제 취미는 음식 만들기예요.
→ _____.

한걸음 더!

화(가) 나다/화(를) 내다

동생이 내 옷을 입고 나가서 너무 화가 났어요.
우리가 공부를 열심히 하지 않아서 선생님께서 화가 나신 것 같아요.

나를 걱정하시는 어머니께 화를 내서 너무 죄송해요.
그렇게 화를 내지 마세요.

점수를[-점을] 받다/주다, 점수가 좋다/나쁘다

이번 시험에서 좋은 점수를 주셔서 감사합니다.
벤자민 씨는 듣기 시험에서 만점을 받았어요.
점수가 나쁘면 진급할 수 없어요.
합격하려면 70점 이상 받아야 합니다.

쓰기

일기를 써 봅시다.

년	월	일	날씨:

제29과 요즘 잘 지내고 있니?

아래 그림을 보고 이야기합시다.

새 단어

익숙해지다	고민
미래	문제
의논하다	답장
퇴근하다	세탁소
식사하다	수첩
메모	출장
화해하다	부족하다
무료	

운추야,

요즘 잘 지내고 있니?

한국에 온 지 벌써 1년이나 되어서 요즘은 한국 생활이 많이 익숙해졌어. 다음 주에 시험이 있는데 요즘 고민이 있어서 공부를 못 하겠어. 지금은 어학당에서 한국어를 공부하고 있는데 내년에 대학교에 가야 돼. 아직 전공을 선택하지 못해서 걱정이야. 처음 한국에 올 때는 이런 것을 걱정하지 않았는데……. 내 미래에 대해서 생각하니까 머리가 아파. 그래서 너한테 이메일을 보내. 어떻게 하면 좋을까? 대학 문제에 대해서 너와 의논하고 싶어. 답장 기다릴게.

문법01 잘 지내고 있니?

A/V-아/어? / A/V-아/어

어디에 가?
- 기숙사에 가.

그 책 재미있어?
- 응, 재미있어.

지금 공부해?
- 응, 공부하고 있어.

어제 운동했어?
- 아니, 일이 있어서 못 했어.

N(이)야? / N(이)야

저 사람은 누구야?
- 내 동생이야.

여기가 인사동이야?
- 응, 인사동이야.

이게 한국말로 뭐야?
- 소금이야.

오늘이 내 생일이야.
- 생일 축하해.

A/V-니/냐? / N(이)니/냐?

그 옷 비싸니?
- 아니, 별로 비싸지 않아.

지금 배고프니?
- 응, 좀 배고픈 것 같아.

밥 먹었냐?
- 아니, 안 먹었어.

이거는 네 가방이냐?
- 응, 내 가방이야.

지금 뭐 하냐?
- 숙제 해.

한국어 공부가 재미있냐?
- 응, 재미있어.

A/V-지? / N(이)지?

좀 어렵지?
- 응, 어려워.

영화가 몇 시에 시작하지?
- 3시 반에 시작해.

산이 아주 아름답지?
- 그래, 아름다워.

저건 누구 책이지?
- 글쎄, 잘 모르겠어.

V-(으)ㄹ 거야? / V-(으)ㄹ 거야

주말에 뭐 할 거야?
- 대학로에 갈 거야.

언제 등록금을 낼 거야?
- 오후에 낼 거야.

오늘도 PC방에 갈 거야?
- 아니, 오늘부터 컴퓨터 게임을 하지 않을 거야.

퇴근하면 뭐 할 거야?
- 퇴근하면 세탁소에 가서 옷을 찾을 거야.

A-(으)ㄹ까? / A-(으)ㄹ 거야

날씨가 추울까?
- 아마 추울 거야.

시험이 어려울까?
- 공부를 안 하면 어려울 거야.

오늘 시내에 가면 복잡할까?
- 아니, 평일이라서 복잡하지 않을 거야.

결혼하면 행복할까?
- 그럼. 결혼하면 행복할 거야.

V-아/어

내일 거기에 9시까지 와.
이 음악 들어 봐.
내일 시험이니까 공부해.

V-자 / V-지 말자

8시에 출발하니까 빨리 가자.
학교 끝나고 농구하자.
배고픈데 밥 먹자.

우리 담배 피우지 말자.
오늘은 노래방에 가지 말자.

A-다! V-ㄴ다/는다!

이 케이크 아주 맛있다!
하늘이 파랗다!
바람이 참 시원하다!

눈 온다!
아이가 운다!

그래/아니

지하철 타자.
- 그래.

밥 먹었어?
- 아니, 아직 안 먹었어.

이따가 저녁 먹자.
- 그래, 좋아.

숙제 다 했니?
- 아니.

너

너는 어떤 음식을 좋아해?
- 나는 고기를 좋아해.

지난 주에 시내에서 널 봤어.
- 정말? 나는 너를 못 봤는데…….

난 일본 사람이야. 넌?
- 나는 중국 사람이야.

너하고 이야기하면 아주 즐거워.
- 나도 그래.

연습합시다 1-1   [보기]와 같이 반말로 바꾸세요.

보기
- 나 → 어머니   어머니 시장에 혼자 가세요?
- 나 → 친 구   시장에 혼자 가?

① 나 → 어머니   지금 신문을 읽고 계세요?
   나 → 친 구   _____.

② 나 → 아버지   아버지, 늦어서 죄송합니다.
   나 → 친 구   _____.

③ 나 → 어머니   무슨 음식을 만드세요?
   나 → 친 구   _____.

④ 나 → 선생님   선생님, 식사하셨어요?
   나 → 친 구   _____.

⑤ 나 → 할아버지   연세가 어떻게 되세요?
   나 → 친 구   _____.

⑥ 나 → 선생님   _____
   나 → 친 구   _____.

연습합시다 1-2 [보기]와 반말로 바꾸세요.

보기
저는 텔레비전을 보고 있어요.
→ 나는 텔레비전을 보고 있어.

① 오늘 날씨가 아주 좋아요.

② 이름이 무엇입니까?

③ 한국어를 좋아하는데 너무 어려워요.

④ 제가 먹을 거예요.

⑤ 저는 미국으로 여행을 가고 싶어요.

⑥ 이것은 한국말로 라면입니다.

⑦ 지훈 씨, 이 옷이 비쌀까요?

⑧ 주말에 같이 한강에 갑시다.

⑨ 오후에 비가 올 것 같아요.

⑩ 여기에서 담배를 피우지 마세요.

⑪ 다음 주에 시험이 있으니까 공부 열심히 하세요.

⑫ 수첩에 메모를 하면 잊어버리지 않을 거예요.

⑬ 한국에 언제 오셨어요?

⑭ 안녕하세요.

⑮ 안녕히 주무세요.

⑯ 감사합니다.

연습합시다 1-3   맞는 답과 연결하세요.

① 주말에 바빠?   •   • 한 시간 후에 갈 거야.

② 오늘 시간이 있어?   •   • 아니, 잘 모르겠어.

③ 너 언제 학교에 올 거야?   •   • 응, 할 일이 너무 많아.

④ 한국 회사가 어디인지 아니?   •   • 아니, 형하고 같이 갈 거야.

⑤ 혼자 갈 거니?   •   • 응, 있어.

문법02 비가 와서 걱정이에요

A/V-아/어서 걱정이다

지갑을 못 찾아서 걱정이에요.
음식을 만들었는데 맛없어서 걱정이에요.
시험을 잘 못 봐서 걱정이야.
회의가 늦게 끝날 것 같아서 걱정이에요.
출장 가야 하는데 비행기 표를 아직 못 사서 걱정이에요.

연습합시다 2-1   [보기]와 같이 쓰세요.

보기
가 감기에 걸려서 걱정이에요. (감기에 걸리다)
나 약을 먹으면 되니까 걱정하지 마세요. (약을 먹다)

① 가 _____. (친구와 싸우다)
   나 _____. (화해하다)

② 가 _____. (돈이 부족하다)
   나 _____. (빌려주다)

③ 가 _____. (시험을 못 보다)
   나 _____. (다음 시험을 잘 보다)

④ 가 _____. (한국말 잘 못하다)
   나 _____. (연습하다)

⑤ 가 _____. (   )
   나 _____. (   )

연습합시다 2-2   걱정이 있는 사람들에게 이야기해 주세요.

1 제 아들이 컴퓨터를 하루에 7시간이나 해서 걱정이에요.

2 졸업을 했는데 취직을 못해서 걱정이에요.

3 건강이 안 좋은데 운동하기가 싫어서 걱정이에요.

한걸음 더!

N에 익숙해지다

매운 음식에 익숙해졌어요.
기숙사 생활에 익숙해졌어요.
한국 생활에 익숙해져서 괜찮아.
아직 여기에 사는 것에 익숙해지지 않아서 걱정이야.

N에 대해서 N와/과 의논하다

공부에 대해서 선생님과 의논해 보세요.
대학 입학에 대해서 부모님과 의논했어요.
친구와 한번 의논해 보세요.

N(이)나

여름옷을 20벌이나 샀어요.
교실에 학생이 5명이나 안 왔어요.
무료 영화 표가 8장이나 있어요.

읽고 말하기
다음을 읽고 질문에 답하세요.

한국 사람들은 문자를 보내거나 이메일을 보낼 때 이모티콘을 써요. 생일, 새해, 그리고 축하할 일이 있을 때 이모티콘을 보내지만 기쁘거나 슬프거나 자기의 기분을 말하고 싶을 때도 이모티콘을 써요. 여러 가지 기분을 다 말할 수 있어서 편리해요. 또 문자를 보내면 그 사람의 기분을 잘 알 수 없는데 이모티콘을 보면 기분을 더 잘 이해할 수 있어요. 여러분도 한국 친구들과 문자를 보낼 때 이모티콘을 한 번 사용해 보세요.

새 단어
문자(를 보내다)
이모티콘
이해하다

1 맞으면 O, 틀리면 X 하세요.

① 이모티콘을 보내면 편리해요. (   )

② 이모티콘은 휴대폰으로만 할 수 있어요. (   )

③ 이모티콘으로 사람의 기분을 알 수는 없어요. (   )

2 여러분이 요즘 자주 사용하는 이모티콘을 〈보기〉와 같이 써 보세요.

| 보기 | (^ ^) : 기분이 좋아요 |

(   ) :

(   ) :

(   ) :

3 이모티콘을 사용하면 무엇이 좋아요? 무엇이 안 좋아요?

좋은 이유	
안 좋은 이유	

 **듣고 말하기**   듣고 답하세요.

① 두 사람이 좋아하는 운동 경기는 무엇입니까?

_____

② 두 사람은 몇 시에 만날까요?
① 6시 30분
② 5시 30분
③ 6시 40분
④ 5시 40분

③ 잘 듣고 맞으면 ○, 틀리면 × 하세요.
① 지훈이는 오늘 저녁에 축구를 하러 간다. (   )
② 축구 경기장은 학교에서 멀지 않다. (   )
③ 축구 경기장에서 음식을 먹어도 된다. (   )
④ 두 사람은 축구 경기장에서 만나기로 했다. (   )

제30과 단풍이 울긋불긋 참 예쁠 거예요

아래 그림을 보고 이야기합시다.

새 단어

울긋불긋	내장산
짖다	의성어
의태어	매미
개구리	가슴이 뛰다
시골	빛나다
도둑	졸다
쨍쨍	모래알
반짝	조약돌
소반	냠냠
아장아장	

서윤: 오늘 시원한 바람도 불고 하늘도 참 파래요.

다니엘: 네. 가을 하늘이 참 아름답네요. 우리 내일 산에 올라가 볼까요? 날씨가 좋아서 등산하면 좋겠어요.

서윤: 그래요. 가을이라서 단풍이 울긋불긋 참 예쁠 거예요. 특히 설악산과 내장산은 단풍으로 유명해요. 축제도 하고요.

다니엘: 그럼 사람들이 많겠네요. 다음에 같이 가 보는 게 어때요?

서윤: 좋아요. 그런데 요즘에는 단풍 구경 가는 사람들이 많아서 자동차로 가면 복잡할 거예요.

다니엘: 그러면 기차를 탈까요?

서윤: 그래요. 기차를 타고 가면서 가을 경치를 보는 것도 좋겠네요.

문법어: 의성어

병아리가 "삐약삐약" 웁니다.
강아지가 "멍멍" 하고 짖어요.
매미는 "맴맴", 개구리는 "개굴개굴" 울고 있어요.

① • • 꽥꽥~

②  • • 음메~

③  • • 야옹~

④  • • 꿀꿀~

⑤ • • 꼬끼오~

연습합시다 1   알맞은 것을 골라 문장을 완성하세요.

							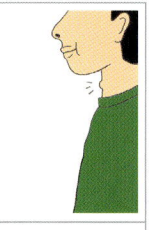
콜록콜록	엉엉	꼬르륵	하하	두근두근	보글보글	냠냠	꿀꺽꿀꺽

1. 아기가 배고파서 _____ 울고 있다.

2. 동생이 과자를 _____ 먹는다.

3. 배가 고파서 _____ 소리가 난다.

4. 날씨가 더워서 물을 _____ 마신다.

5. 나는 에리나 씨를 보면 가슴이 _____ 뛴다.

6. 친구들이 _____ 웃는다.

7. 감기 때문에 _____ 기침을 한다.

8. 어머니가 김치찌개를 _____ 끓인다.

문법02 의태어

아기가 아장아장 걸어요.
꽃이 활짝 피었어요.
부모님께서 주무시니까 살금살금 걸어요.

① 꾸벅꾸벅 • •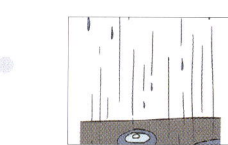

② 펑펑 • •

③ 주룩주룩 • •

④ 또박또박 • •

⑤ 반짝반짝 • •

연습합시다 2   알맞은 것을 골라 문장을 완성하세요.

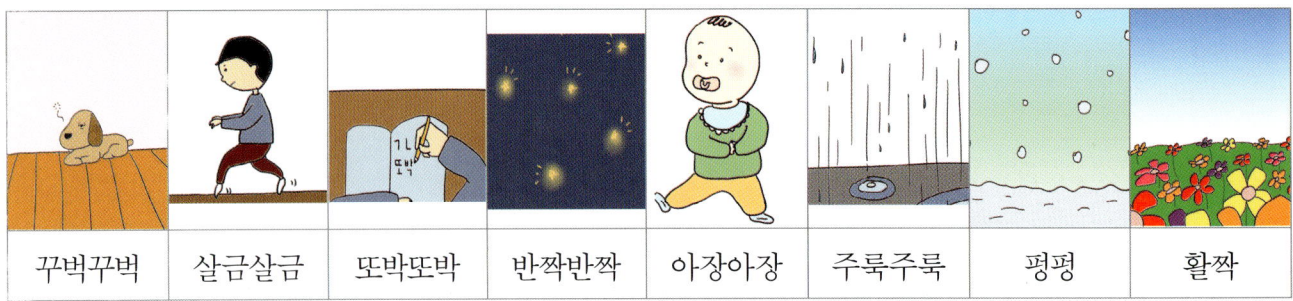

꾸벅꾸벅 | 살금살금 | 또박또박 | 반짝반짝 | 아장아장 | 주룩주룩 | 펑펑 | 활짝

1. 비가 _____ 온다.

2. 겨울에는 눈이 _____ 내린다.

3. 봄이 되어서 한강 공원에 꽃이 _____ 피었어요.

4. 시골에 오니까 하늘에 있는 별이 _____ 빛난다.

5. 공원에서 아기가 _____ 걷는다.

6. 도둑이 _____ 걸어가고 있다.

7. 흐엉 씨는 공책에 글씨를 _____ 쓴다.

8. 학생이 교실에서 _____ 존다.

읽어 봅시다

새 단어
비추다
햇볕

반짝반짝 작은 별

반짝반짝 작은 별
아름답게 비추네
서쪽 하늘에서도
동쪽 하늘에서도
반짝반짝 작은 별
아름답게 비추네

햇볕은 쨍쨍

햇볕은 쨍쨍
모래알은 반짝
모래알로 떡 해 놓고
조약돌로 소반 지어
언니 누나 모셔다가
맛있게도 냠냠

쓰기

여러분도 [보기]처럼 시를 지어 보세요.

보기

아장아장 걷는 아기

귀엽게 웃네
엄마 앞에서도
아빠 앞에서도
아장아장 걷는 아기
귀엽게 웃네

부록

본문·영문 번역 및 듣기 지문 346

정답 및 해설 안내 375

본문·영문 번역 및 듣기 지문

1과 방학 동안 잘 지냈어요?
How was your vacation?

새단어

여러분 everyone	반갑다 be glad
서로 each other	인사하다 greet
봄 spring	자기소개 self introduction
뵙다 meet (in honorifics)	기쁘다 be pleasant
노트북 laptop	새로 newly
직장 생활 life at work	과거 the past
취직 get a job	기분 feeling
영화배우 movie actor	전화기 telephone

[1과 본문] Track 1 · p13

선생님 여러분 안녕하세요? 만나게 되어서 반갑습니다.
학생들 안녕하세요? 선생님.
선생님 친구들과 서로 인사하세요.
학생들 (서로) 안녕하세요.
선생님 저는 최수진이라고 합니다. 2단계를 가르치게 되었어요. 이제 봄이 되어서 날씨가 따뜻해졌지요?
학생들 네, 요즘 날씨가 아주 좋아요.
선생님 그럼 이제 자기소개를 해 볼까요? 누가 먼저 소개할까요?
다니엘 제가 먼저 할게요. 안녕하세요. 처음 뵙겠습니다. 저는 다니엘이라고 합니다. 미국에서 왔어요. 저는 미국에서 회사원이었어요. 미국에서 한국어를 조금 배웠는데 아직 잘 못해요. 여러분을 만나게 되어서 기뻐요.

Teacher Hello everyone, nice to see you.
Students Hello, teacher.
Teacher Why don't you say hello to each other.
Students (each other) Hi, Nice to meet you.
Teacher I'm Choi Soo Jin. I'm teaching level two. Now it's spring. So the weather gets warmer, right?
Students Right. The weather is very nice these days.
Teacher Now, Shall we introduce ourselves? Who'll do first?
Daniel   How do you do? I am Daniel. I'm from the US. I was an office-worker. I learned Korean a little in the US, but I don't speak well. Nice to meet all of you.

듣고 말하기 새단어

미술 art 전공 major 학기 semester 얼굴 face 마음(이) 편하다 feel easy

|듣고 말하기| Track 2 · p21

다니엘 방학 잘 지냈어요?
제 니 네, 잘 지냈어요. 다니엘 씨는 방학에 뭐 했어요?
다니엘 아르바이트도 하고 동생이 한국에 오게 돼서 동생과 같이 여행을 했어요.
제 니 동생은 한국에 왜 왔어요?
다니엘 미국에서 미술을 전공하는데 한 학기 동안 한국 미술을 공부하려고 왔어요.
제 니 그렇군요. 아르바이트는 무엇을 했어요?
다니엘 한국 사람에게 영어를 가르쳤어요. 참, 제니 씨는 고향에 잘 다녀왔어요?
제 니 네, 잘 다녀왔어요.
다니엘 얼굴이 좋아졌어요.
제 니 그래요? 고향에서 어머니가 맛있는 음식을 많이 만들어 주셨어요. 그리고 가족들을 만나서 마음도 편했어요.
다니엘 저도 고향에 가고 싶어져요.

2과 책을 빌리고 싶은데요
I'd like to borrow books

새단어

빌리다 borrow	빌려주다 lend
잡지 magazine	필요하다 need
학생증 student ID	돌려주다 give back, return
책장 bookshelf	아까 a while ago
정리하다 clean up	자리 room/space

[2과 본문] Track 3 · p22

에리나 벤자민 씨, 오늘 수업 끝나고 뭐 할 거예요?

벤자민	도서관에 가려고 해요.
에리나	도서관이요? 왜요?
벤자민	책을 빌리고 잡지도 읽으려고 해요. 에리나 씨도 같이 가시겠어요?
에리나	좋아요. 저도 필요한 책이 있어요.

벤자민	이 책을 빌리고 싶은데요.
직 원	학생증을 주세요.
벤자민	언제까지 돌려줘야 해요?
직 원	오늘이 3일이니까 13일까지 돌려주세요.
벤자민	네, 고맙습니다.

Erina	Benjamin, what will you do after class today?
Benjamin	I will go to the library.
Erina	To the library? Why?
Benjamin	I'm thinking of borrowing books and reading magazines. Erina, Shall we go together?
Erina	Sure. There are some books I need.

Benjamin	I want to borrow this book.
Staff	Please give your student ID.
Benjamin	When should I return it?
Staff	Today is third, and please return it by the 13th.
Benjamin	I see, thank you.

읽고 말하기 새단어

친절하다 be kind 용산 Yongsan (name of a place)
국립박물관 the National Museum 건물 building 넓다 be extensive
안내 guide 문화 culture 생신 birthday (in honorifics)

|듣고 말하기| Track 4 · p30

1.

승 기	밖에 비가 많이 오는군요!
제 니	우산 없으세요?
승 기	네. 아침에는 비가 안 와서요.
제 니	제가 우산이 두 개 있는데요. 하나 빌려드릴게요.
승 기	고마워요.

2.

승 기	제니 씨, 한국 생활이 어때요?
제 니	음식도 맛있고 아름다운 곳도 많아서 좋아요. 하지만 한국어가 조금 어려워서 힘들어요.
승 기	그래요? 나한테 쉽고 좋은 책이 있는데 빌려줄까요?
제 니	정말요? 그럼 좀 빌려줘요.
승 기	CD도 있으니까 같이 빌려줄게요.
제 니	승기 씨, 고마워요. 빨리 공부하고 돌려드릴게요.
승 기	괜찮아요. 열심히 공부하고 천천히 돌려 줘요.

3과 | 축제가 언제인지 알아요?
Do you know when the festival is?

새단어

축제 festival   열리다 be held
동아리 club   여기저기 here and there
팔다 sell   행사 event
목걸이 necklace   미용실 hair salon
자르다 cut   배달 음식 delivery food
시키다 order a meal 입학 시험 entrance exam
말하기 대회 speaking contest

[3과 본문] Track 5 · p31

에리나	왕홍 씨, 이게 뭐예요?
왕 홍	아, 축제를 하는군요! 보통 한국 대학교에서는 일 년에 한 번 축제가 열려요. 여러 동아리들이 학교 여기저기에서 동아리 소개도 하고 음식도 팔아요. 그리고 여러 가지 행사도 있고요.
에리나	그래요? 축제가 있는지 몰랐어요. 저도 가고 싶어요.
왕 홍	우리 학교 외국인 학생들이 자기 나라 음식을 만들어서 팔아요. 와서 먹어 봐요.
에리나	와, 좋아요. 그런데 언제 해요?
왕 홍	여기 보세요. 4월 17일 수요일인데요.
에리나	이번 주 수요일에는 친구와 약속이 있는데…….
왕 홍	이번 주가 아니고 다음 주예요.
에리나	좋아요! 그럼 다음 주에 갈게요.

Erina	Wanghong, what's that?
Wanghong	Ah, there's a festival! Usually festivals take

본문·영문 번역 및 듣기 지문

	place once a year in korean universities. Several Clubs calling Dong-a-ri introduce themselves in several places of campus and sell some foods. And there're various events.
Erina	Is that so? I don't know there are festivals in korean universities. I'd like to go, too.
Wanghong	Foreign students in our university sell their native foods. Come and try some, will you?
Erina	Great. By the way, do you know when the festival is?
Wanghong	Here are the dates. It's on April 17th, Wednesday.
Erina	(I'm sorry....) I have an appointment with my friends this Wednesday.
Wanghong	Not this week but next week.
Erina	OK! I'll come next week, then.

읽고 말하기 새단어

다이어트 diet 요가 yoga 살이 빠지다 lose weight
학원 private educational institute

듣고 말하기 Track 6 · p43

1.

학 생 여보세요? 거기 한국 식당이지요?
사 장 네, 맞아요.
학 생 아르바이트를 하고 싶은데 일주일에 몇 번 일을 해야 해요?
사 장 아침 10시부터 오후 6시까지 일을 하고 일주일에 4번 일을 해야 해요.

2.

마 리 왕홍 씨, 우리 오후에 서점에 갈까요?
왕 홍 미안해요. 요즘 시간이 없어요.
마 리 왜요?
왕 홍 제가 한 달 전부터 영어를 배워요.
마 리 매일 영어를 배워요?
왕 홍 아니요. 하루에 두 시간, 한 달에 여덟 번 공부해요.

3.

지 훈 벤자민 씨, 다음 달에 제니 씨가 한국에 와요?
벤자민 네, 와요.
지 훈 언제 오는 지 알아요?
벤자민 네, 6월 18일에 와요.

4과 저는 아버지를 많이 닮았어요
I look similar with my father a lot

새단어

오랜만에 after a long time   나오다 come out
비슷하다 similar   바로 right, exactly
목소리 voice   똑같다 be same
착하다 good, nice   고모 aunt (one's father's sister)
고모부 uncle (husband of one's aunt)
사촌 cousin   정말 really
닮다 look like   다르다 different (from/to)
성격 character   키 height
쌍둥이 twins

[4과 본문] Track 7 · p44

지 훈 벤자민 씨, 저기 보세요. 비행기가 도착했어요. 오랜만에 아버지를 만나는데 기분이 어때요?
벤자민 일 년 동안 아버지가 너무 보고 싶었는데 오늘 만날 수 있어서 참 좋아요. 지훈 씨, 오늘 저와 같이 공항에 와 줘서 고마워요.
지 훈 뭘요. 오늘은 수업이 없어서 괜찮아요.

벤자민 지훈 씨, 사람들이 나와요.
지 훈 어? 저분이 벤자민 씨의 아버지인 것 같아요. 벤자민 씨와 얼굴이 비슷한데요.
벤자민 맞아요. 저분이 바로 우리 아버지세요.

Jihoon	Benjamin, look over there. The plane has arrived. How do you feel since you haven't met your father for a long time?
Benjamin	I really missed my father for a year and I'm so happy to meet him today. Jihoon, thank you for coming with me to the

	airport.	왕 홍	다니엘 씨, 수영할 줄 알아요?
Jihoon	No problem. It's okay since there's no class today.	다니엘	네, 수영하는 것을 참 좋아해요. 수영이 제 취미에요.
		왕 홍	참 좋은 취미인 것 같군요. 나는 수영을 전혀 못 해요.
Benjamin	Jihoon, people are coming out.	다니엘	왕홍 씨는 취미가 뭐에요?
Jihoon	Uhh? That man looks like your father. His face resembles you.	왕 홍	난 한국 음악 듣는 것을 좋아해서 자주 들어요.
Benjamin	That's right. He is right my father.	다니엘	나노 한국 가수를 좋아하는데 다음에 같이 공연을 보러 가면 좋겠어요.

|듣고 말하기| Track 8 · p51

안녕하세요. 제 이름은 다니엘입니다.
제 동생을 소개하겠습니다.
제 동생 이름은 크리스입니다.
우리는 쌍둥이예요. 저는 1시에 태어났고, 제 동생은 1시 5분에 태어났어요.
우리는 얼굴이 아버지를 닮았어요.
그리고 우리는 키도 같아요. 또 제 동생이 아프면 저도 아파요. 제가 아프면 동생도 아파요. 하지만 우리는 성격이 조금 달라요. 저는 친구들과 자주 만나서 영화도 보고 커피도 마셔요. 이야기도 많이 해요. 하지만 크리스는 집에서 혼자 책을 읽고, 음악을 들어요.
저는 크리스와 성격이 다르지만 동생이 있어서 좋아요.

Wanghong	Daniel, what do you do on weekends?
Daniel	I go to swimming pool.
Wanghong	Can you swim?
Daniel	Yes, I really like swimming. Swimming is my hobby.
Wanghong	It looks like a really good hobby. I can't swim at all.
Daniel	Wanghong, what's your hobby?
Wanghong	I like listening Korean songs, so I listen them often.
Daniel	I like Korean singers as well and would like to go to concert together later.

쓰고 말하기 새단어

그림(을) 그리다 draw a picture 미술관 art museum 화가 painter
꼭 surely, certainly 예술의전당 Seoul Arts Center 홈페이지 home page
전시회 exhibition 예술 art 설명 explanation

듣고 말하기 새단어

음악 music 악기 instrument 설악산 Seoraksan (Mountain)
지리산 Jirisan (Mountain) 초대하다 invite

5과 수영할 줄 알아요?
Can you swim?

새단어

취미 hobby	배구 volleyball
외국 foreign country	바이올린 violin
켜다 play (the violin)	
한글 Hangeul (Korean alphabet)	
소설책 a novel	담그다 make (kimchi)
춤(을) 추다 dance	설거지하다 wash the dishes
스포츠 sport(s)	게임 game
전혀 not at all	별로 not much

[5과 본문] Track 9 · p52

왕 홍   다니엘 씨는 주말에 뭘 하세요?
다니엘   난 수영장에 다녀요.

|듣고 말하기| Track 10 · p63

오늘은 친구들과 취미 이야기를 했습니다. 승기 씨는 일주일에 두 번 피아노를 배우고 있어요. 승기는 음악을 아주 좋아해서 할 줄 아는 악기도 아주 많아요.
지훈 씨는 시간이 있으면 산에 가요. 서울에 있는 산은 거의 가 봤고 이번 방학에 설악산과 지리산에도 갈 거예요.
서윤 씨는 한 달에 두 번 맛있는 요리를 해서 우리를 초대합니다. 매일 요리 연습을 해요. 지금은 한국 음식, 중국 음식, 일본 음식 다 할 줄 알아요.
프랑스 친구 벤자민 씨는 운동을 아주 좋아해요. 그래서

본문·영문 번역 및 듣기 지문

매일 아침에 운동을 하고 학교에 와요. 운동을 하지 않는 날이 없어요.
제니 씨는 영화배우가 되고 싶어서 영화도 자주 보고 연습도 많이 해요. 혼자서도 자주 극장에 가는데 영화 보는 시간을 가장 좋아해요.

6과 | 서울에서 제일 유명한 곳이 어디예요?
Where is the most famous place in Seoul?

새단어

관광 sightseeing	공휴일 public holiday
주로 mostly	서울타워 Seoul Tower
남산 Namsan (Mountain)	전망대 observation deck
야경 night view	벚꽃 cherry blossoms
단풍 autumn colors[leaves]	낚시 fishing
주차장 parking lot	쓰레기 waste
바닷가 beach	동해 the East Sea
드라마 soap opera	휴일 holiday
모임 meeting	독서 reading
강아지 puppy	기르다 raise
목 neck	전주 Jeonju (name of the city)
유명하다 be famous for	채소 vegetable
배우 actor/ actress	높다 high, tall

[6과 본문] Track 11 · p64

지훈 제니 씨, 지금 뭘 보고 있어요?
제니 서울 관광 안내 책을 보고 있어요. 다음 주 목요일은 공휴일인데 그날 고향에서 친구가 와요. 그때 같이 서울 구경을 하고 싶어요.
지훈 어디에 갈 거예요?
제니 아직 잘 모르겠어요. 지훈 씨, 서울에서 외국 사람들이 주로 많이 가는 곳이 어디예요?
지훈 음……. 제니 씨, 서울타워에 가 봤어요?
제니 아니요.
지훈 서울타워는 남산에 있는데 전망대에 올라가면 서울 시내를 다 볼 수 있어요. 저녁 야경도 정말 아름다워요.
제니 그래요?
지훈 그리고 봄에 가면 벚꽃이 예쁘고 가을에 가면 단풍이 정말 멋있어요.
한국 사람들도 모두 좋아하는 곳이에요.

Jihoon Jenny, what are you looking at now?
Jenny I'm looking at Seoul travel guide book. Next Thursday is a holiday and that day, my friend will come to Seoul from my hometown. I want to go sightseeing in Seoul city with him when he comes.
Jihoon Where're you going to visit?
Jenny I haven't decided yet. Jihoon, where is the famous place for foreigners to visit in Seoul?
Jihoon Hmm…, Jenny, have you ever been to Seoul Tower?
Jenny No, I haven't.
Jihoon Seoul Tower is on the top of the Mt. Namsan and at the observatory deck you can see the whole view of Seoul city. The night view is also very nice.
Jenny Really?
Jihoon In the spring, cherry blossoms are beautiful and in the Fall, maple leaves are really beautiful. Korean people like to go there often.

듣고 말하기 새단어

가격 price 젊다 be young 해외 overseas 깎다 reduce a price
DDP(동대문 디자인 프라자) Dongdaemun Design Plaza(name of a place)

|듣고 말하기| Track 12 · p72

제니 서윤 씨, 옷을 사고 싶은데 어디로 가면 좋을까요?
서윤 제니 씨, 동대문 시장에 가 보는 게 어때요?
제니 동대문 시장요? 서울에서 가장 큰 시장이에요?
서윤 가장 큰 시장은 아니지만 물건들도 많고 가격도 싸서 젊은 사람들이 많이 가는 곳이에요. 그래서 아주 유명해요. 해외에서 여행 온 사람들도 많이 와요.
제니 옷이 비싸지 않아요?
서윤 아니에요. 그리고 가격도 깎을 수 있어서 좋아요.
제니 이번 주말에 가려고 하는데 처음이어서 혼자 못 갈 것 같아요.

서윤	그럼 저도 살 게 있는데 같이 가요. 그리고 옷을 사고 근처에 있는 DDP에도 가 봐요.
제니	DDP가 뭐예요?
서윤	동대문 디자인 플라자라고 하는데 공원도 있고 카페도 있어요. 그리고 여러 가지 전시회도 많이 하고요.

7과 지하철로 가면 얼마나 걸립니까?
How long it will take by subway?

새단어

실례지만 excuse me but,
경복궁 Gyeongbokgung (a royal palace of Joseon Dynasty)
횡단보도 crosswalk 건너다 cross
건너가다 go cross 안국역 Anguk station
찾다 find
청계천 Cheonggyecheon (name of a place)
여권 passport 지하도 Under Passageway
주차하다 park a car 지하 basement
내려가다 go down 똑바로 straight
노래방 Karaoke Room, Singing Room
고속버스 express bus

[7과 본문] Track 13 · p73

마리	실례지만, 경복궁에 가고 싶은데 어떻게 가야 해요?
아저씨	경복궁에 가려면 여기에서 횡단보도를 건너가서 지하철을 타세요.
마리	시간이 얼마나 걸려요?
아저씨	지하철로 가면 30분쯤 걸릴 거예요.
마리	버스는요?
아저씨	40분쯤 걸려요. 지하철이 더 빠르니까 버스 타지 말고 지하철을 타세요.
마리	네, 알겠습니다.
아저씨	안국역에서 내리면 경복궁을 쉽게 찾을 수 있어요.
마리	감사합니다.

Mari	Excuse me but, I'd like to go to Gyeongbokgung. How can I get there?
Mister	If you want to go to Gyeongbokgung, Cross at the crosswalk here and take the subway.
Mari	How long does it take?
Mister	It will take about 30 minutes by subway.
Mari	(How long does it take) By bus?
Mister	It will take about 40 minutes. Subway is faster, so take the subway, not the bus.
Mari	Oh, I see.
Mister	If you get off at Anguk station, you can find Gyeongbokgung easily.
Mari	Thank you.

듣고 말하기 새단어

신호등 traffic lights 교통 traffic 도로 road 위치 location 입구 entrance
약도 rough map

|듣고 말하기| Track 14 · p86

지훈	여보세요.
제인	여보세요. 지훈 씨?
지훈	네, 제인 씨.
제인	지훈 씨 집을 찾는데 교통이 너무 복잡하고 어려워요. 어떻게 가야 해요?
지훈	지금 위치가 어디예요?
제인	사당역이에요.
지훈	사당역 2번 출구로 나오면 신호등이 있어요. 그 신호등에서 도로를 건너가서 곧장 가세요.
제인	네. 그리고 또 어디로 가요?
지훈	곧장 가면 우리 슈퍼가 있어요. 거기에서 왼쪽으로 돌면 아파트가 있어요. 그 아파트 2동 901호가 바로 우리 집이에요.
제인	알겠어요. 조금만 기다리세요.
지훈	네. 천천히 오세요.

본문·영문 번역 및 듣기 지문

8과 | 감기 때문에 집에서 쉬었어요
I stayed at home from a cold

새단어

유행이다 be popular	조심하다 be careful
심하다 heavy	몸살감기 bad cold
죽 (rice) porridge	배탈 stomachache
주사 injection	입원 go into a hospital
수술 operation	간호사 nurse
스마트폰 smart phone	
추석 Chuseok (Korean Thanksgiving Day)	
유리 glass	그릇 bowl
편리하다 be convenient	세일 sale
기간 season	국수 noodles
생강차 Ginger Tea	피부 skin

[8과 본문] Track 15 · p87

왕 홍 요즘 몸살감기가 유행이에요. 저도 감기 때문에 주말에 집에서 쉬었어요.
지 훈 날씨가 추우니까 조심해야 해요. 지금은 괜찮아졌어요?
왕 홍 아니요. 주말에 쉬었는데 감기가 심해져서 지금 병원에 가려고 해요.
지 훈 따뜻한 물도 많이 마시고 더 쉬세요.

....

의 사 어디가 안 좋으세요?
왕 홍 감기 때문에 왔어요. 목도 아프고 기침도 해요.
의 사 요즘 몸살감기가 유행이라서 환자들이 많아요. 손을 자주 씻고 쉬면 괜찮아질 거예요.
왕 홍 목이 아파서 음식을 잘 먹을 수 없어요. 그리고 기침을 많이 해서 가슴이 아파요.
의 사 그러면 죽을 드시고, 약을 드릴 테니까 모레 다시 오세요.
왕 홍 네, 알겠습니다. 감사합니다.

Wanghong These days, there is a cold going around. I stayed at home from a cold.
Jihoon Be careful, as the weather is cold. Do you feel better now?
Wanghong No, I don't. I stayed at home on weekends, but it's getting worse. So I'm going to see a doctor.
Jihoon You'd better drink warm water and take a rest more.

....

Doctor Is something wrong with you?
Wanghong Because of a my cold. I have a sore throat and a cough.
Doctor There's a cold and flu going around these days and it makes a lot of people get sick. It will be good for you washing your hands often and taking a rest.
Wanghong I can't eat well because I have a sore throat. And I have a pain on my chest with a cough.
Doctor Then, you should eat porridge and I'll give you some medicine. See you two days later.
Wanghong I got it. Thank you.

말하기 새단어

환자 patient 역할극 role play 증세 symptom 치료 방법 treatment of diseases 조언하다 advice 소화 digestion 이 tooth 다치다 be(get) hurt 여드름(이) 나다 have acne 내과 internal medicine 치과 the dentist, dental clinic 정형외과 orthopedics 소아과 pediatric hospital 안과 ophthalmic clinic 이비인후과 ear-nose-and-throat department[clinic] 성형외과 plastic surgery 산부인과 obstetrics 소화제 digestive medicine 진통제 painkiller

듣고 말하기 새단어

등 back 땀 sweat 스타일 style 머리를 감다 wash one's hair

|듣고 말하기| Track 16 · p100

미용사 어서 오세요. 이리 앉으세요. 머리를 어떻게 해 드릴까요?
손 님 머리를 자르고 싶은데요.
미용사 자르려고요? 지금 머리가 예쁜데 왜 자르세요?
손 님 머리가 등까지 내려와서 땀도 많이 나고 너무 더워요. 그리고 이 스타일을 너무 오랫동안 했어요. 그래서 자르고 싶어요.
미용사 여름이라서 요즘 머리를 자르려는 손님이 많아요. 그럼 손님, 머리부터 감고 잘라 드릴게요.

미용사	어떠세요? 자르니까 시원하지요? 짧은 머리도 예쁘시네요.
손 님	감사합니다. 얼마지요?
미용사	15,000원이에요.
손 님	여기 20,000원 있습니다.
미용사	네, 거스름돈 받으세요.
손 님	네. 감사합니다.
미용사	안녕히 가세요. 또 오세요.

9과 | 제주도로 보내면 얼마인가요?
How much does it cost to send a package to Jejudo?

새단어

소포 package　　봉투 envelope
주소 address　　올려놓다 put (on)
통 container　　기념품 souvenir
준비하다 prepare　　엽서 postcard
사무실 office　　부산 Busan (name of the city)
서비스 service　　안전벨트 seat belt
선택하다 select　　토픽 시험 TOPIK test
상품 product, goods　　주문하다 order

[9과 본문] Track 17 · p101

에리나	소포를 보내고 싶은데요. 어떻게 해야 해요?
직 원	어디로 보내시나요?
에리나	일본으로 보낼 거예요.
직 원	그러면 먼저 봉투에 주소와 이름을 쓰면 돼요. 무엇을 보내세요? 여기에 올려놓으세요.
에리나	한국 과자와 기념품을 보내려고 해요. 그리고 편지 한 통도 같이 부치려고 해요. 오늘 보내면 언제 도착해요?
직 원	요즘 소포를 보내는 사람이 많기 때문에 시간이 많이 걸려요.
에리나	며칠쯤 걸려요?
직 원	아마 3일쯤 걸릴 거예요.
에리나	네, 알겠습니다.

Erina	I'd like to send a package. What should I do?
Clerk	Where do you send the package?
Erina	I'll send it to Japan.
Clerk	Then, First, you should write the address and name on this envelope. What do you send? Put it on here, please.
Erina	I'm going to send Korean cookies and souvenirs with a letter in it. If I send it today, when does it arrive?
Clerk	Since there are many people who send package these days, it takes a lot of time.
Erina	How many days will it take?
Clerk	It may take about three days.
Erina	Yes, I see.

읽고 말하기 새단어

삼청동 Samcheong-dong (name of a place)　와플 waffle

듣고 말하기 새단어

걱정 worry

|듣고 말하기| Track 18 · p111

지 훈	에리나 씨, 요즘 많이 바쁜 것 같아요.
에리나	네, 토픽 시험 공부 때문에 좀 바빠요.
지 훈	토픽 시험이 언제예요?
에리나	오늘이 3일이니까 2주 있으면 시험이에요.
지 훈	시험공부 많이 했나요?
에리나	수업 끝나고 매일 도서관에서 공부하는데 잘 안 돼요.
지 훈	뭐가 제일 어려워요?
에리나	단어를 많이 외워야 하기 때문에 단어 공부하는 것이 제일 어려워요.
지 훈	2주 동안 열심히 공부하면 돼요. 걱정하지 말고 열심히 하세요.
에리나	고마워요. 토픽 시험을 잘 보면 좋겠어요.

본문·영문 번역 및 듣기 지문

10과 | 한옥에 가 본 적이 있어요?
Have you ever been to hanok?

새단어

전통 tradition	한옥 Hanok (Korean style house)
경험 experience	불편하다 be inconvenient
편하다 be convenient	유럽 Europe
이사하다 move	도움 help
소파 sofa, couch	가구 furniture
거실 living room	좁다 be narrow
외출하다 go out	행복하다 be happy
위험하다 be dangerous	부지런하다 be hard-working

[10과 본문] Track 19 · p112

지 훈: 테츠야 씨, 이런 집을 본 적이 있어요?
테츠야: 아니요, 오늘 처음 봐요. 이게 한국의 전통 집인가요?
지 훈: 네, 한옥이라고 해요. 아름답지 않아요?
테츠야: 네, 정말 아름다워요! 지훈 씨는 한옥에서 살아 봤어요?
지 훈: 아니요, 저는 살아 본 경험이 없어요. 하지만 할머니 댁이 한옥이라서 방학 동안 며칠 지내 본 적이 있어요.
테츠야: 어때요? 아주 좋을 것 같아요.
지 훈: 좋은 것도 있지만 불편한 것도 있어요.
테츠야: 저도 한옥에서 한번 살아 보고 싶어요.

Jihoon: Tetsya, have you ever seen this kind of house?
Tetsya: No, this is the first time I see it. Is this a Korean traditional house?
Jihoon: Yes, it's called hanok. Isn't it beautiful?
Tetsya: Yes, so beautiful! Jihoon, have you ever lived in hanok?
Jihoon: No, I haven't lived there. But my grandmother's house is hanok so I stayed there for a couple of days during the break.
Tetsya: How is it? It seems really good.
Jihoon: It is good but a bit inconvenient to live.
Tetsya: I want to try out living in hanok.

듣고 말하기 새단어

해외 여행 overseas trip

|듣고 말하기| Track 20 · p124

민 지: 저는 민지라고 해요. 다음 방학에 해외여행을 가려고 해요. 여러분이 가 본 곳은 어디예요? 좋은 곳을 소개해 주세요.

다니엘: 안녕하세요. 저는 다니엘입니다. 몇 년 전에 중국에 간 적이 있어요. 북경에 갔는데 제가 생각한 것보다 아주 큰 도시였어요. 볼 것도 많고 맛있는 음식도 많이 먹을 수 있었어요. 민지 씨도 한번 가 보세요.

테츠야: 저는 테츠야라고 합니다. 저는 배를 타고 제 고향에 간 적이 있어요. 제 고향은 일본 오키나와인데 그곳은 깨끗하고 사람들도 아주 친절해요. 민지 씨가 해외여행을 가고 싶으면 일본에 가 보세요. 배를 타고 가면 비싸지 않고 재미있어요.

벤자민: 프랑스 사람 벤자민이에요. 저는 여행을 많이 해 보지 않았어요. 하지만 민지 씨가 여행을 가고 싶으면 제 고향 프랑스 파리에 가는 것이 어때요? 프랑스는 아주 아름다운 나라니까 꼭 한번 가 보세요.

서 윤: 저는 서윤이라고 합니다. 저는 해외여행은 아직 가 본 적이 없어요. 해외여행은 못 해 봤지만 제주도에 간 적이 있었는데 경치도 좋고 공기도 참 좋았어요. 그리고 제주도는 구경할 것도 많아요. 해외는 아니지만 제주도에 가는 것도 좋을 것 같아요.

11과 | 인사법에 대해서 알아 오세요
Please look into ways of greetings

새단어

인사법 way of greeting	볼을 대다 touch cheek
모으다 gather	어른 senior
허리 waist	고개 head
숙이다 bow, lower	
설날 Seollal (Korean New Year's Day)	
수업(을 듣다) take classes	신청서(를 내다) submit application
신청하다 apply for	노약자 the old and the infirm
양보하다 yield	예약하다 reserve
약속 시간 the appointed time	성 gender
국적 nationality	감기약 cold medicine
수영복 swimsuit	물안경 swimming goggles
예절 manners	흔들다 shake

[11과 본문] Track 21 · p125

선생님 오늘은 여러분 나라의 인사법에 대해서 이야기하도록 하겠어요. 벤자민 씨, 프랑스에서는 어떻게 인사를 해요?

벤자민 우리 고향에서는 볼을 대고 인사를 해요. 한국의 인사와 달라요.

선생님 그렇군요. 그럼 람 씨! 인도의 인사법은 어때요?

람 우리나라에서는 두 손을 모으고 인사를 해요. 선생님, 한국에서는 어떻게 인사를 해요?

선생님 한국에서는 친구와 어른들께 하는 인사가 달라요. 어른을 만나면 "안녕하세요!"라고 말하면서 허리와 고개를 숙여야 돼요. 여러분, 내일까지 다른 나라의 인사법을 알아 오세요.

Teacher Today, we will talk about greetings in your countries. Benjamin, how do you greet in France?

Benjamin In my hometown, we touch our cheeks to say hello together.
It's different from Korean greetings.

Teacher Oh, I see.
Then Ram, how about Indian greetings?

Ram In my country, we put our hands together to say hello together.
Teacher, how do you greet in Korea?

Teacher In Korea, people greet differently to their friends and seniors. When you meet seniors, you have to bow your waist and head by saying "hello!"
Everyone, please look into greetings in other countries by tomorrow.

읽고 말하기 새단어
다녀오다 go and get back, go and come back

듣고 말하기 새단어
등록금을 내다 pay tuition

|듣고 말하기| Track 22 · p136

마이클 여보세요. 한국어학당이지요?
직 원 네, 맞습니다.
마이클 한국어 수업을 듣고 싶어서 전화했는데요.
직 원 네, 어디에서 오셨어요?
마이클 미국에서 왔습니다.
직 원 미국에서 한국어를 배웠어요?
마이클 네, 6개월 동안 배웠어요.
직 원 그러면 내일 사진과 여권을 준비해 오도록 하세요. 그리고 다음 주까지 등록금을 내야 돼요.
마이클 몇 시까지 가면 되지요?
직 원 오후 6시까지 와야 됩니다.
마이클 네, 알겠습니다.

12과 돈을 바꾸려고 왔는데요
I come to change some money

새단어
환율 exchange rate   달러 dollar
잠깐만 just a minute   -짜리 piece of currency (worth)
한복 hanbok (Korean traditional clothes[dress])
인사동 Insa-dong (name of a place)
통장 bankbook   기억하다 remember
요금 charge   연세 age (in honorifics)
발표 announcement   순서 order
관계 relation   언니 older[elder] sister
배부르다 be full   끓이다 boil
지폐 bill

[12과 본문] Track 23 · p137

직 원 무엇을 도와 드릴까요?
다니엘 돈을 바꾸려고 왔는데요. 오늘 환율이 어떻게 됩니까?
직 원 1달러에 1,200원입니다. 얼마를 바꿔 드릴까요?
다니엘 300달러를 바꿔 주실래요?
직 원 네, 알겠습니다. 잠깐만 기다려 주세요.

직 원 모두 360,000원입니다. 얼마짜리로 드릴까요?
다니엘 30만 원은 5만 원짜리로, 6만 원은 만 원짜리로 주세요.
직 원 여기 있습니다.
다니엘 감사합니다.

본문·영문 번역 및 듣기 지문

Teller	How can I help you?
Daniel	I come to change some money. What is the exchange rate of today?
Teller	One dollar equals to 1,200 won. How much shall I exchange for you?
Daniel	Could you exchange 300 dollars?
Teller	Sure. Please wait for a second.
Teller	360,000 won in total. How shall I give the money?
Daniel	Give me 300,000 won in 50,000 bill and 60,000 won in 10,000 bill, please.
Teller	Here they are.
Daniel	Thank you.

읽고 말하기 새단어
내다 pay

듣고 말하기 | Track 24 · p146

벤자민 우리 다음 주에 방학을 하면 같이 여행 갈래요? 제니 씨, 어때요?

제 니 네, 좋아요. 저도 여행 가고 싶었어요. 다니엘 씨도 같이 갈래요?

다니엘 미안해요. 저는 아르바이트 때문에 못 갈 것 같아요.

제 니 그래요? 같이 가면 좋겠는데……. 그럼 에리나 씨는요?

에리나 저는 안 갈래요. 다음 달에 있는 한국어능력시험 준비를 해야 할 것 같아요. 미안해요.

제 니 그럼 여행 갈 수 있는 사람이 저와 벤자민 씨, 두 명인가요?

지 훈 저도 같이 갈래요.

제 니 좋아요. 그럼 지훈 씨도 같이 가요! 여행은 어디로 가면 좋을까요?

벤자민 요즘은 날씨가 따뜻하기 때문에 산도 바다도 모두 좋을 것 같아요.

13과 | 제주도에 갈 건가요?
Will you go to Jejudo?

새단어

별로 not really	귤 tangerine
흑돼지 Black Pork	한라산 Hallasan (Mountain)
외롭다 feel lonely	휴가 vacation
태풍 typhoon	힘들다 be hard
어리다 be young	연휴 holiday
지방 the provinces	올라오다 come up
수건 towel	지도 map
계획(을 세우다) (make a) plan	별 star

[13과 본문] Track 25 · p147

서 윤 어제 텔레비전에서 제주도를 봤어요.

왕 홍 저도 제주도에 대해서 많이 들었어요.

서 윤 텔레비전에서 본 바다가 정말 아름다웠어요. 그래서 또 가려고요.

왕 홍 언제 갈 건가요?

서 윤 방학하면 갈 거예요.

왕 홍 그런데 겨울에 가면 추울 거예요.

서 윤 제주도는 겨울에 별로 춥지 않아요. 서울보다 따뜻해요.

왕 홍 그렇군요. 그런데 제주도는 무엇이 유명해요?

서 윤 귤이 유명해요. 그리고 흑돼지도 유명해요.

왕 홍 제주도에 한라산이 있지요? 한라산에도 갈 건가요?

서 윤 네, 꼭 가려고요. 한라산은 아름답기 때문에 사람들이 많이 가요.

Seoyoon	Yesterday, I watched Jejudo on TV program.
Wanghong	I've heard about Jejudo a lot.
Seoyoon	The sea (of Jejudo) that I watched on TV was so beautiful. So I will go to Jejudo again.
Wanghong	When will you go to Jejudo?
Seoyoon	When the school vacation begins, I'll go.
Wanghong	Anyway, you feel cold if you go there in Winter.
Seoyoon	Jejudo is not usually cold in winter. It is warmer than Seoul.
Wanghong	I see. By the way, What is Jejudo famous for?

Seoyoon	Tangerines. And black porks are famous as well.
Wanghong	There is Hallasan in Jejudo, right? Will you go to Hallasan as well?
Seoyoon	Yes. I will definitely go. The Hallasan is so beautiful that many people visit there.

읽고 말하기 새단어

놓다 put on 쯤 about 2박 3일 Two nights and three days
국제 시장 an international market 특산품 local products
해돋이 sunrise 심심하다 be bored

듣고 말하기 새단어

유람선 cruise ship

|듣고 말하기| Track 26 · p157

제 인	오늘 날씨가 정말 좋아요.
지 훈	어제는 조금 추웠는데 오늘은 날씨가 따뜻하네요.
제 인	지훈 씨, 우리 오늘 한강에 가서 뭐 할까요?
지 훈	자전거 타요. 유람선도 타고요. 그런데 제인 씨 자전거를 탈 줄 아나요?
제 인	탈 줄 알지만 잘 못 타요.
지 훈	그러면 제가 자전거를 가르쳐 줄게요. 한강에서 자전거를 타면 재미있어요.
제 인	좋아요. 그럼 한강에 가서 먼저 자전거를 타요.
지 훈	자전거를 타고 저녁을 먹읍시다.
제 인	저녁은 어디에서 먹을 건가요?
지 훈	유람선 안에서도 저녁을 먹을 수 있어요. 야경을 보면서 저녁을 먹어요.
제 인	와, 아주 좋을 것 같아요.

14과 친구와 이야기하고 나서 오겠습니다
I will come again after talking with my friend.

새단어

예매하다 book a ticket 왕복 round trip
취소하다 cancel 단어 word
스케이트 skating 빨래 laundry
새벽 dawn 무척 very
곧 at once 환전 change into
보통 usually 잠이 오다 gather straws
테니스(를 치다) (play) tennis 약속을 정하다 make appointment

[14과 본문] Track 27 · p158

직 원	어떻게 오셨습니까?
손 님	비행기 표를 예약하려고 왔어요.
직 원	어디로 가는 표를 예약하실 거예요?
손 님	제주도요. 왕복표로 2장 예약해 주세요.
직 원	네, 언제 출발하실 거예요?
손 님	14일 화요일 아침에 출발하거나 저녁에 출발하는 표가 있어요?
직 원	아침에 출발하는 표가 있습니다. 예약하시겠어요?
손 님	네, 예약해 주세요

직 원	죄송합니다. 제가 잘못 봤어요. 14일에 출발하는 표가 없어요.
손 님	그래요?
직 원	네, 방학이라서 그래요. 사람들이 여행을 많이 가니까요.
손 님	음... 그러면 친구와 이야기하고 나서 다시 오겠습니다.

Clerk	How can I help you?
Customer	I came to reserve a plane ticket.
Clerk	A ticket to where?
Customer	To Jejudo. Please reserve two round-trip tickets.
Clerk	Yes. When will you leave?
Customer	Do you have tickets departing next Tuesday, 14th, in the morning or in the evening?
Clerk	There are tickets departing in the morning. Would you like to reserve them?

본문·영문 번역 및 듣기 지문

Customer	Yes. Please reserve them.
Clerk	I'm sorry. I saw it wrong. There is no ticket departing 14th.
Customer	Really?
Clerk	Yes. It's a vacation season, that's why. People take trips a lot.
Customer	Hmm… Then I will come again after talking with my friend.

읽고 말하기 새단어

하루 a day   샌드위치 sandwich   한식 Korean food

듣고 말하기 새단어

여행사 Travel Agency

듣고 말하기 | Track 28 · p169

왕 홍	제니 씨, 우리 다음 주에 여행을 가는데 이야기 좀 할까요?
제 니	그래요. 무엇을 먼저 해야 해요?
왕 홍	먼저 여행사에 가야 돼요. 여행사에 가서 뉴욕에 가는 비행기 표를 예약합시다.
제 니	좋아요. 비행기 표를 예약하고 나서 은행에 갈까요?
왕 홍	환전을 하려고요?
제 니	네, 달러로 환전을 해야 돼요.
왕 홍	그러면 마트에 가서 필요한 물건을 사고 나서 은행에 가는 것이 어때요?
제 니	네, 좋아요. 그렇게 합시다.

15과 | 내가 가져올 테니까 기다리세요
I will get it so please wait.

새단어

벌써 already
경주 Gyeongju (name of the city)   터미널 terminal
안내소 information desk   특별히 especially
불국사 Bulguksa (temple in Gyeongju)
첨성대 Cheomseongdae (Observatory in Gyeongju)
절 temple   추억 memory
바람 wind   샴푸 shampoo
소리 sound   로션 lotion
열차 train

[15과 본문] Track 29 · p170

흐 엉	벌써 경주 터미널에 도착했군요! 어디부터 갈까요?
에리나	지도가 있으면 좋겠는데…….
흐 엉	저기 안내소가 있네요! 내가 지도를 가져올 테니까 잠깐만 기다리세요.

흐 엉	여기 있어요. 한번 볼까요?
에리나	흐엉 씨는 경주에서 특별히 가 보고 싶은 곳이 있나요?
흐 엉	먼저 경주에서 제일 유명한 곳에 가고 싶어요.
에리나	그럼 불국사부터 가요. 불국사는 아주 유명한 절이에요. 저는 불국사에 꼭 가 보고 싶었어요.
흐 엉	좋아요. 그런데 배가 고프네요.
에리나	그럼 밥부터 먹읍시다. 그리고 첨성대가 가까우니까 불국사에 가기 전에 먼저 첨성대를 봐요.
흐 엉	좋아요. 이번 여행은 좋은 추억이 될 것 같아요.

Huong	We have arrived at Gyeongju already! Where should we go first?
Erina	I wish we could have a map.
Huong	An information office, there! I will get it, so please wait a second.

Huong	Here it is. Let's take a look.
Erina	Huong, Do you have any specific places to visit in Gyeongju city?
Huong	I want to visit the most famous place

	first.
Erina	Let's go to Bulguksa first. It is very famous temple. It was that I really wanted to go.
Huong	Fine. But I feel hungry.
Erina	Then let's have lunch first. And before going to Bulguksa we would be better to go sightseeing the Cheomseongdae first, because it is nearer than Bulguksa.
Huong	OK! This traveling will be a good memory.

읽고 말하기 새단어

스트레스를 풀다 relieve stress

듣고 말하기 Track 30 · p182

5월 25일
오늘도 아주 바쁘게 보냈습니다.
오전에는 학교에서 한국어를 배우고 오후에는 농구를 하러 갔습니다.
저는 운동하는 것을 좋아해서 운동을 자주 합니다. 그리고 스트레스를 풀고 싶으면 운동을 합니다. 오늘도 스트레스를 풀려고 운동을 했습니다. 운동을 하면 안 좋은 기분을 빨리 잊어버릴 수 있어서 좋습니다.
저녁에는 친구들을 집에 초대해서 같이 저녁을 먹었습니다. 친구들이 오기 전에 저는 친구들에게 줄 음식을 만들었습니다. 불고기와 된장찌개를 만들어 줬습니다. 처음 만든 음식이라서 걱정했지만 친구들은 맛있게 먹고 아주 즐거워했습니다. 그래서 기분이 참 좋았습니다.
저는 한국에서 재미있게 지내려고 합니다. 힘든 시간도 있고 아프면 가족도 보고 싶습니다. 하지만 즐거운 시간이 더 많습니다. 한국어와 한국 문화도 배우고, 여러 나라에서 온 친구들도 만날 수 있어서 좋습니다. 저는 이런 한국 생활이 아주 즐겁고 재미있습니다.

16과 바자회가 참 재미있겠네요!
The bazaar would be very fun!

새단어

바자회 bazaar	비누 soap
필통 pencil case	홍차 black tea
종류 kind of	직접 in person
인기 popularity	팔리다 be sold
무인도 desert island	카페 café
딸 daughter	인형 doll
대회 contest	

[16과 본문] Track 31 · p183

다니엘 오늘 우리 한국어학당에서 바자회를 해요.
흐 엉 바자회가 뭐예요?
다니엘 물건을 가져와서 그것을 친구들에게 파는 거예요.
흐 엉 그렇군요. 참 재미있겠네요! 바자회를 자주 하나요?
다니엘 아니요. 해마다 하는 행사예요.
흐 엉 바자회에 가면 뭐가 있어요?
다니엘 외국 학생들에게 필요한 물건들이 많아요. 저는 작년에 비누, 필통, 홍차를 샀어요. 제 친구는 한복도 샀어요.
흐 엉 종류가 정말 많네요. 재미있겠어요.
다니엘 음식도 직접 만들어서 팔아요. 한번 구경 오세요.
흐 엉 저는 한국어학당 학생이 아닌데 갈 수 있어요?
다니엘 그럼요. 인기가 많은 물건은 빨리 팔리니까 일찍 오세요.
흐 엉 몇 시부터 팔기 시작해요?
다니엘 9시부터 시작해요.

Daniel	Today we have a bazaar at our Korean language school.
Huong	What is a bazaar?
Daniel	You bring your stuff and sell them to friends.
Huong	I see. Sounds very interesting! Is bazaar often held?
Daniel	No. It's an annual activity.
Huong	What do you have in the bazaar?
Daniel	There are many items useful for foreign students. Last year I bought soap, pencil case, and black tea. My friend bought hanbok.

본문·영문 번역 및 듣기 지문

Huong	There are many kinds of items. It would be very fun.
Daniel	They cook and sell foods. It is good for you to come and see.
Huong	It would be possible even though I am not a student in Korean language school?
Daniel	Sure. Popular items can be quickly sold out, so you'd better come earlier.
Huong	From what time does it begin to sell?
Daniel	Nine o'clock.

읽고 말하기 새단어

가끔 sometimes 조건 condition

듣고 말하기 | Track 32 · p195

에리나 씨의 취미는 영화를 보는 것이고 테츠야 씨는 음악을 듣고 노래를 부르는 것입니다. 에리나 씨와 테츠야 씨의 취미에 대해서 들어 보겠습니다.

에리나 저는 영화 보는 취미를 가지고 있어요. 그래서 주말마다 영화를 보러 가요. 학교 근처에 영화관이 있어서 좋아요. 같이 갈 친구가 있으면 친구와 같이 가지만, 친구가 없으면 혼자 보러 가요. 울고 싶으면 슬픈 영화를 보고 웃고 싶으면 재미있는 영화를 봐요. 그리고 여름에는 무서운 영화를 봐요. 한국어를 더 잘하면 한국영화도 보고 싶어요. 한국 영화를 보면 한국어와 한국 문화를 다 배울 수 있어서 좋아요.

테츠야 저는 음악을 좋아해요. 노래 부르기도 좋아하고 악기 배우는 것도 좋아해요. 그래서 평일 저녁마다 피아노를 배우러 다녀요. 공부를 열심히 하고 피아노를 치면 기분이 아주 좋아져요. 음악을 들으면 마음이 편해져서 음악을 자주 들어요. 노래를 잘 못 부르지만 노래를 부르면 기분이 좋아져서 노래 부르는 것도 아주 좋아해요.

17과 이것이 잘 어울릴 것 같아요
I think it will look good on you

새단어

벌 pair (of), suit (of)	고르다 choose
손님 customer/ guest	색깔 color
노랗다 yellow	파랗다 blue
빨갛다 red	까맣다 black
하얗다 white	그렇다 yes
밝다 be bright	주머니 pocket
사이즈 size	허리 waist
벽 wall	맞다(안 맞다) be (not) right
병아리 chick	무늬 pattern
웨딩드레스 wedding dress	블라우스 blouse
양복 suit	눕다 lie

[17과 본문] Track 33 · p196

직원	어서 오세요.
제니	바지를 한 벌 사고 싶은데요.
직원	제가 고르는 것을 도와 드릴게요. 손님이 입으실 건가요?
제니	네, 제가 입을 거예요.
직원	손님에게는 이것이 잘 어울릴 것 같은데요. 한번 입어보시겠어요?
제니	네, 좋아요. 그리고 이 바지와 어울리는 티셔츠도 하나 보여 주세요.
직원	그럼 이 노란색 티셔츠 어떠세요? 색깔이 아주 밝아서 예뻐요.
제니	음……. 괜찮은데 저기 걸려 있는 티셔츠도 좀 볼 수 있을까요?
직원	저기 주머니가 있는 티셔츠요? 죄송하지만 저것은 지금 큰 사이즈밖에 없어서 손님에게 맞지 않을 것 같아요.
제니	그래요? 그럼 노란색을 입어 볼게요.

Worker	Welcome.
Jenny	I'd like to buy a pair of pants.
Worker	OK, I'll help you. Will you buy for yourself?
Jenny	Yes, I will.
Worker	I think it will look good on you. Would you try it on?
Jenny	Great, and please show me a T-shirts

Worker	matching with this pair of pants. Then how about this yellow T-Shirts? The color is really bright so It is pretty.
Jenny	Um…… It is good but can I see the T-shirts hanging there?
Worker	Is the T-shirts with pockets? Sorry but that one only has big size now so I do not think it fits on you.
Jenny	Really? then I will try on the yellow one.

|듣고 말하기| Track 34 · p206

직 원	어서 오세요.
손 님	원피스를 좀 사려고 왔는데요.
직 원	그러세요? 그러면 이 줄무늬 원피스 한번 입어 보시겠어요?
손 님	다른 무늬는 없나요?
직 원	별무늬와 꽃무늬가 있어요. 어느 쪽을 보여 드릴까요?
손 님	별무늬 원피스를 보여 주세요.
직 원	여기 있습니다. 손님 얼굴이 하얘서 잘 어울릴 것 같아요.
손 님	그런데 색깔이 마음에 들지 않아요. 조금 더 어두우면 좋겠는데…….
직 원	그러면 이 원피스는 어떠세요? 어두운 색은 이 검은색 원피스밖에 없어요.
손 님	그럼 그 원피스 입어 볼게요.

18과 어제 산 옷인데 좀 바꾸고 싶어요
I'd like to exchange this clothes that I bought yesterday

새단어

환불하다 return	영수증 receipt
카드 card	잠시만 for a second
이상하다 strange	선풍기 electric fan
고장(이) 나다 to break down	부르다 to sing
데이트 dating	어젯밤 last night
사탕 candy	설탕 sugar
메뉴 menu	물론이다 sure

[18과 본문] Track 35 · p207

제 니	이거 어제 산 옷인데 좀 바꾸고 싶어요.
직 원	아, 어제 오셨지요? 그런데 왜 바꾸시려고요?
제 니	집에서 입어 보니까 좀 뚱뚱해 보여요. 바꿀 수 있지요?
직 원	네, 무엇으로 바꿔 드릴까요?
제 니	다른 색깔도 있나요?
직 원	죄송합니다, 손님. 다른 색은 없습니다.
제 니	그럼 그냥 환불할 수 있어요?
직 원	물론입니다. 어제 받은 영수증과 카드를 주시겠어요?
제 니	네, 여기 있습니다.
직 원	잠시만 기다려 주세요. 됐습니다, 손님. 다음에 또 오세요.

Jenny	I bought this clothes yesterday but I want to exchange it.
Employee	Ah, you came here yesterday. But why do you want to exchange?
Jenny	I put it on at home and I think the clothes makes me look fat. I can exchange it, right?
Employee	Sure. How can I exchange for you?
Jenny	Do you have other colors?
Employee	I'm sorry, Ms. We don't have any other color.
Jenny	Then can I just return it?
Employee	Of course. Could you give me the receipt form yesterday and the card?
Jenny	Yes, here they are.
Employee	Wait a moment please. You are all set, Ms. Please come again.

본문·영문 번역 및 듣기 지문

읽고 말하기 새단어

홈쇼핑 home shopping   인터넷 쇼핑 internet shopping

듣고 말하기 새단어

교환하다 to exchange

|듣고 말하기| Track 36 · p217

- 손 님: 여보세요. 거기 가나 홈쇼핑이지요?
- 직 원: 네, 맞습니다.
- 손 님: 제가 지난주에 가방을 주문했는데, 오늘 받아 보니까 색깔이 좀 어두운 것 같아서 교환하고 싶은데요.
- 직 원: 손님 성함이 어떻게 되시지요?
- 손 님: 박민지입니다.
- 직 원: 파란색 핸드백을 주문하셨군요. 그런데 이 가방은 밝은 색이 없는데 어떡하지요? 디자인이 다른 가방은 밝은 색이 있습니다.
- 손 님: 디자인은 이 가방이 좋은데요. 그러면 환불할 수 있습니까?
- 직 원: 네, 환불하실 수 있습니다. 잠깐만 기다려 주십시오.

19과 | 한국어를 배운 지 6개월이 되었어요
It has been 6 months since I have learned Korean

새단어

- 동화책 fairy tale
- 스페인어 spanish
- 발표 presentation
- 여의도 Yeouido (name of a place)
- 찻값 price of tea
- 붙다 to attach
- 천사 angel
- 집안일 housework
- 문장 sentence
- 달리기 running
- 전자사전 electronic dictionary
- 운전 driving
- 하숙집 boarding house

[19과 본문] Track 37 · p218

- 제 니: 벤자민 씨, 무슨 책을 읽고 있어요?
- 벤자민: 한국 소설책인데 아주 재미있어요.
- 제 니: 그렇군요. 저도 읽고 싶은데 이 책은 저에게 어려울 것 같아요.
  모르는 한국말이 많네요. 문장도 너무 길고요.
- 벤자민: 그러면 소설책 대신에 동화책을 빌려줄 테니까 읽어 보겠어요?
- 제 니: 네, 좋아요. 한국어를 배운 지 6개월이 되었는데 어렵지 않을까요?
- 벤자민: 읽을 수 있을 거예요.
- 제 니: 저도 벤자민 씨처럼 한국어를 잘하면 다음에 소설책도 읽어 볼게요.

- Jenny: Benjamin, what kind of book are you reading?
- Benjamin: I'm reading a Korean novel and it is very interesting.
- Jenny: Oh, I see. I also want to read it but the book looks difficult for me. There are many vocabularies that I don't know. Sentences are too long as well.
- Benjamin: Then instead of novel, I will lend you a fairy tale, so will you try reading it?
- Jenny: Yes, great. Wouldn't it be difficult for me since I've learned Korean for six months?
- Benjamin: You probably can read it.
- Jenny: I will try reading a novel next time if I can do Korean well like you.

읽고 말하기 새단어

사장님 president

듣고 말하기 새단어

한턱내다 to treat

|듣고 말하기| Track 38 · p228

- 왕 홍: 묘묘 씨, 다음 주에 시간 있어요?
- 묘 묘: 왜요? 무슨 일 있어요?
- 왕 홍: 제가 요즘 한국 고등학생에게 중국어를 가르치는

	일을 하는데 다음 주에 제가 고향에 가야 돼요. 저 대신 묘묘 씨가 다음 주에 가르쳐 주면 안 될까요?
묘 묘	고향에 무슨 일이 있어요?
왕 홍	형이 결혼을 해요.
묘 묘	그래요? 제가 시간은 있지만 가르쳐 본 적이 없는데 할 수 있을까요?
왕 홍	그럼요. 그 학생이 중국어를 조금 알고 있고 중국어로 대화하는 수업이라서 묘묘 씨도 가르칠 수 있을 거예요. 제 책도 주고 무엇을 가르쳐야 하는지 말해 줄게요.
묘 묘	그러면 제가 해 볼게요.
왕 홍	고마워요. 고향에 다녀와서 제가 한턱낼게요.
묘 묘	뭘요. 그런데 왕홍 씨는 중국어를 가르치는 일을 한 지 얼마나 됐어요?
왕 홍	가르친 지 이제 한 달이 됐어요. 한국어를 배우는 것도 재미있지만 중국어를 가르치는 것도 재미있는 것 같아요.

20과 곧장 가다가 오른쪽으로 돌아가세요
Go straight and then turn right

새단어

출구 exit	사거리 intersection
빌딩 building	돌아가다 go back
근처 neighborhood	부동산 real estate
호선 line (subway)	꽃집 a flower shop
대사관 embassy	건너편 across the street
맞은편 opposite side	길 street
동네 town	오토바이 motorcycle
인도 sidewalk	장소 place
축구선수 soccer player	고속전철 high speed train
유학생 student studying abroad	

[20과 본문] Track 39 · p229

다니엘	에리나 씨, 오늘 테츠야 씨가 학교에 안 왔어요.
에리나	아마 감기 때문에 못 왔을 거예요.
다니엘	제가 테츠야 씨 집에 가고 싶은데 어디인지 아세요?
에리나	네, 알아요. 지하철을 타고 사당역에서 내리세요.
다니엘	거기에서 어떻게 가야 돼요?
에리나	2번 출구로 나가면 사거리가 있어요. 거기에서 곧장 가다가 빵집이 있는 빌딩에서 오른쪽으로 돌아가면 아파트가 보여요. 거기가 바로 테츠야 씨 집이에요.
다니엘	그렇군요. 그런데 처음이어서 찾아가기가 어려울 것 같아요.
에리나	못 찾으면 근처에 있는 부동산에 가서 물어보세요. 부동산은 집을 소개하는 곳이니까 길을 잘 알아요.

Daniel	Erina, Testya didn't come to school today.
Erina	He probably couldn't come because of a cold.
Daniel	I'd like to go to Testya's home. Do you know where it is?
Erina	Yes, I do. You can take the subway and get off at Sadang station.
Daniel	Then how can I get from there?
Erina	If you come out of exit 2 at Sadang station, then you will see a crossroad. Go straight again and turn right at the building of a bakery stored, then you will see an apartment. That is Testya's home.
Daniel	Ah, I see. But it seems difficult to find since it is the first time to go.
Erina	Ask to the real estate agent around there if you can't find. They really know ways very well because they are the one which introduce houses.

읽고 말하기 새단어

똑똑하다 smart

듣고 말하기 새단어

가운데 the middle   줍다 pick up

|듣고 말하기| Track 40 · p239

벤자민	에리나 씨, 어디 다녀와요?
에리나	과일 가게에 다녀와요. 그런데 과일 가게에 가다가 많은 일이 있었어요.
벤자민	무슨 일이 있었는데요?

본문·영문 번역 및 듣기 지문

에리나	과일을 사러 가다가 지하도에서 친구를 만났어요. 오랜만에 만난 친구라서 아주 반가웠어요.
벤자민	정말 반가웠겠네요.
에리나	그리고 과일 가게에서 돈을 내려고 했는데 지갑이 없었어요.
벤자민	지갑을 안 가지고 갔어요? 그래서 과일을 못 샀어요?
에리나	아니요. 아저씨한테 말씀드리고 다음에 돈을 드리기로 했어요. 그런데 집에 오다가…….
벤자민	무슨 일이 또 있었어요?
에리나	집에 오다가 길 가운데에서 오천 원을 주웠어요.
벤자민	정말요?

21과 미역국을 끓이려고 준비하고 있어요
I am preparing for cooking seaweed soup

새단어

미역국 seaweed soup	소고기 beef
국물 soup	멸치 anchovy
조개 clam	냄새 smell
갖다 주다 to bring	가위 scissors
사용하다 to use	수돗물 tab water
새우 shrimp	볶음밥 fried rice
잔디밭 a lawn	바꾸다 to change
갈비 rib	재료 material
소금 salt	휴지 tissue

[21과 본문] Track 41 · p240

다니엘	제니 씨, 지금 뭐 해요?
제 니	친구 생일이라서 미역국을 끓이려고 준비하고 있어요.
다니엘	생일인데 왜 미역국을 끓여요?
제 니	한국 사람들은 생일에 미역국을 먹어요. 그래서 저도 한국 친구에게 배웠어요.
다니엘	미역국을 어떻게 만들어요? 어려운가요?
제 니	어렵지 않아요. 소고기 국물에 미역을 넣고 끓이면 돼요.
다니엘	소고기를 꼭 넣어야 해요? 고기를 안 먹는 친구들도 있어요.
제 니	소고기 대신에 멸치나 조개를 넣어도 돼요. 다 끓었네요.
다니엘	냄새가 좋아요. 제가 한번 먹어 봐도 돼요?
제 니	네, 먹어 보세요.
다니엘	와, 아주 맛있어요. 제니 씨 요리를 잘하네요.
제 니	고마워요. 다니엘 씨 생일에도 끓여 줄게요. 이제 친구에게 미역국을 갖다 줘야 돼요. 친구가 좋아해야 할 텐데…….

Daniel	Jenny, what are you doing now?
Jenny	I am preparing for cooking seaweed soup because it's my friend's birthday.
Daniel	Why do you cook seaweed soup on birthday?
Jenny	Korean people drink seaweed soup on birthday. So I learned it from Korean friend.
Daniel	How to cook seaweed soup? Is it difficult?
Jenny	Not really. You need to put seaweed in the beef soup and boil it.
Daniel	Do I have to put beef inside? There are some friends who do not eat meat.
Jenny	It is fine with putting anchovy or shellfish instead of beef. It has boiled.
Daniel	Smells good. Can I try it?
Jenny	Sure, try it.
Daniel	Wow, very delicious. You cook very well.
Jenny	Thanks. I will cook on your birthday. Now I will bring seaweed soup to my friend. I hope that my friend will be happy with it…..

읽고 말하기 새단어

명절 holiday   길이 막히다 stuck in traffic / a road is blocked

듣고 말하기 새단어

규칙 regulation   행동 behavior

|듣고 말하기| Track 42 · p251

자, 여러분 자리에 앉아요. 지금부터 기숙사에서 무엇을 하면 안 되는지 이야기할게요. 기숙사는 같은 공간에서 많은 사람들이 살기 때문에 규칙이 있어요.
첫째, 방 안에서 담배를 피울 수 없어요. 기숙사는 금연

건물이라서 방에서 담배를 피우면 안 돼요.
둘째, 기숙사에는 12시 전까지 들어오세요. 12시에 기숙사 문을 닫기 때문에 12시 전에 들어와야 해요.
셋째, 방 안에서는 요리하면 안 돼요. 요리는 부엌에서 하세요. 방 안에서 요리를 하면 안 되지만 음식을 먹는 것은 괜찮아요.
넷째, 라디오를 조용히 듣고 텔레비전을 조용히 보세요. 공부를 하는 학생들이 있기 때문에 시끄러우면 안 돼요.
마지막으로 기숙사 도서관에 책과 신문이 있어요. 다른 친구들도 봐야 하기 때문에 책을 방에 가져가면 안 돼요. 도서관에서만 볼 수 있어요.

22과 | 태권도를 아세요?
Do you know taekwondo?

새단어

태권도 taekwondo　　장학금 scholarship
운동복 sportswear　　월드컵 world cup
시민 citizen　　　　　광장 square
응원 cheering　　　　 공포 영화 horror movie
돌아가시다 pass away　창피하다 be shameful
무섭다 to be scary　　화(가) 나다 get angry
야구 base ball　　　　씨름 ssireum (korean wrestling)
테니스 tennis　　　　 골프 golf
탁구 ping-pong　　　　스키 ski　치다 to hit
훨씬 much more　　　 더 more than
덜 less than　　　　　갈비탕 Galbi tang
등산화 hiking boots　 거짓말 lie
점수 score

[22과 본문] Track 43 · p252

승 기　벤자민 씨, 태권도를 아세요?
벤자민　그럼요. 프랑스에 있을 때 1년쯤 배웠어요. 그런데 지금은 많이 잊어버렸어요.
승 기　아, 그래요? 그런데 요즘 왜 태권도를 하지 않아요?
벤자민　하고 싶지만 한국에서는 어디에서 할 수 있는지 잘 몰라서요.
승 기　그럼 잘됐네요! 제 친구가 태권도 선수인데, 저는 그 친구에게 태권도를 배우려고 해요. 벤자민 씨도 같이 할래요?
벤자민　저도 좋아요. 같이 배우면 훨씬 더 재미있을 것 같아요.
승 기　다음 달 첫 번째 월요일부터 시작하려고 하는데 괜찮아요?
벤자민　네, 그런데 시간은 어떻게 돼요?
승 기　오후 2시부터 2시간 정도 할 거예요.
벤자민　좋아요. 그때 봐요.

Seunggi　Benjamin, do you know taekwondo?
Benjamin　Of course. When I was in France, I leared it for about a year. But I nearly forgot now.
Seunggi　Ah, is that so? Then why don't you do taeknwondo these days?
Benjamin　I'd like to do, but I don't know where I can do it in Korea.
Seunggi　Then it's great! My friend is a taekwondo player and I'm thinking of learning taekwondo from him. Will you join us?
Benjamin　I am also happy with that. It must be much more interesting if we learn it together.
Seunggi　I'm going to begin on the first Monday of next month, is it OK with you?
Benjamin　Yes, then what about the time?
Seunggi　We will do it for 2 hours from 2 p.m..
Benjamin　Good. Then see you.

듣고 말하기 새단어

준비 운동 warming up　차다 to kick　상대편 opponents　골대 goalpost
힘 strength　기술 technique　맞잡다 hold each other
넘어뜨리다 throw down　이기다 to win　던지다 to throw
땅 ground　채 stick　구멍 hole

|듣고 말하기| Track 44 · p263

1) 여름이 되면 사람들은 보통 이것을 자주 합니다. 날씨가 더울 때 이것을 하는 것이 가장 좋습니다. 바다에서도 이것을 할 수 있습니다. 하지만 이것을 하기 전에 꼭 준비 운동을 해야 합니다.

2) 한 팀의 선수는 모두 11명입니다. 발과 머리로만 공을 칠 수 있습니다. 공을 차서 상대편 골대에 공을 넣으면 됩니다.

본문·영문 번역 및 듣기 지문

3) 이것은 한국의 전통 스포츠입니다. 두 사람이 서로 맞잡고 힘과 기술로 먼저 넘어뜨리는 사람이 이깁니다.
4) 이것은 겨울 스포츠입니다. 세계의 많은 사람들이 이것을 좋아합니다. 높은 산에서 눈 위를 내려오는 기분은 정말 좋습니다.
5) 한 팀의 5명이 서로 공을 던져서 많이 넣는 팀이 이기는 경기입니다. 키가 큰 사람이 작은 사람보다 더 잘할 수 있는 경기입니다.
6) 작은 공을 땅에 놓고 긴 채로 공을 쳐서 구멍에 넣는 스포츠입니다. 이것은 넓은 곳을 걸으면서 하는 운동이기 때문에 건강에 좋습니다.

23과 이 공연이 마음에 들어요
I like this performance

새단어

사물놀이 traditional percussion quartet
전통놀이 traditional play
악기 musical instrument
연주하다 to play
기회 chance
국악박물관 Museum of korean traditional music
시청 city hall
연락처 contact information
실수 mistake
결정하다 to decide
세계 여행 world tour
방송국 broadcasting
기회가 있다(없다) have a(no) chance

[23과 본문] Track 45 · p264

지훈 제니 씨, 저게 바로 사물놀이에요.
제니 그렇군요. 저는 오늘 처음 봤어요.
지훈 사물놀이는 한국의 전통놀이인데 네 가지 악기로 연주하는 거예요.
제니 아주 재미있는 것 같아요. 이 공연이 마음에 드는데 기회가 있으면 사물놀이를 해 보고 싶네요.
지훈 국악박물관에 가면 사물놀이를 해 볼 수 있어요. 한번 가 보세요.
제니 요즘은 너무 바빠서 시간이 있을지 모르겠어요. 다음에 시간이 있을 때 꼭 한번 가 봐야겠어요. 그런데 사물놀이는 오늘만 볼 수 있어요?
지훈 아니요, 매주 토요일마다 시청 앞에서 공연을 해요.
제니 아, 그래요? 다음에 또 보고 싶네요.
지훈 그러면 우리 같이 다음 주에 한 번 더 보기로 해요.

Jihun   Jenny, that is samulnori.
Jenny   Oh, I see. I saw it for the first time.
Jihun   Samulnori is one of Korean Traditional play, performed with four musical instruments.
Jenny   It seems really interesting. I like this performance. If I have a chance, I'd like to learn samulnori.
Jihun   If you go to Museum of Korean Traditional Music, then you can try to play samulori. You can visit there.
Jenny   But I don't know if there is a time because I am very busy these days. I must visit there once when I am free.
By the way, can we see samulnori only today?
Jihun   No, they play it every Saturday in front of City hall.
Jenny   Ah, really? I want to see it again.
Jihun   Then let's see it next week once more.

읽고 말하기 새단어

자신 oneself

듣고 말하기 Track 46 · p273

마 리 제니 씨, 오늘 오후에 시간이 있어요?
제 니 음……. 시간이 있을지 모르겠어요. 그런데 왜요?
마 리 휴대 전화를 바꾸고 싶은데 제니 씨가 한국말을 저보다 더 잘하니까 같이 가고 싶어서 그래요.
제 니 마리 씨의 휴대 전화는 일 년 전에 샀는데 벌써 바꾸려고요?
마 리 네. 요즘에 나온 휴대 전화는 디자인도 예쁘고 가벼워요. 화면도 크고요. 그래서 바꾸고 싶어요.
제 니 그렇군요. 그럼 제가 같이 휴대 전화 가게에 가서 도와줄게요.
마 리 정말이에요? 고마워요.
제 니 아! 그런데 휴대 전화를 바꾸려면 외국인등록증과 여권이 필요해요.

마리	그러면 두 가지를 준비해서 가지고 갈게요. 몇 시에 만날 수 있어요?
제니	4시쯤 만나요.
마리	그래요. 4시에 학교 앞에 있는 커피숍에서 만나요.

24과 한국 드라마가 인기예요
Korean dramas are really popular

새단어
- 프로그램 program
- 방금 just, now
- 씩씩하다 cheerful
- 피자 pizza
- 소풍 outing
- 눈(이) 내리다 the snow falls
- 주인공 main actor
- 촬영(하다) take a photograph
- 떡볶이 tteok-bokki
- 화장하다 to make up
- 생기다 come up

[24과 본문] Track 47 · p274

흐엉	제니 씨, 저 흐엉이에요. 지금 뭐 해요?
제니	드라마를 보고 있어요.
흐엉	무슨 드라마예요?
제니	'별에서 온 사람'이라는 드라마인데 요즘 아주 인기 있어요.
흐엉	재미있어요?
제니	네, 재미있어 죽겠어요. 드라마 주인공이 아주 멋있어요.
흐엉	우리나라에서도 한국 드라마가 아주 인기예요.
제니	그렇군요. 그런데 흐엉 씨는 무슨 프로그램을 자주 봐요?
흐엉	저는 가수들이 나와서 노래하는 음악 프로그램을 매주 봐요.
제니	저도 음악 프로그램을 좋아해요. 가수같이 노래를 잘 부르고 싶어요. 그런데 흐엉 씨는 지금 뭐 해요?
흐엉	방금 집에 들어왔는데 시험 때문에 빨래를 못 해서 빨래나 하려고 해요.
제니	다른 약속 없으면 빨래 다 하고 우리 집에 와서 같이 저녁 먹을래요?
흐엉	좋아요. 그럼 빨리 하고 갈게요.

Huong	Jenny, This is Huong. What are you doing now?
Jenny	I'm watching drama.
Huong	What kind of drama?
Jenny	It is a drama which is called 'A person from the star', very popular these days.
Huong	It that interesting?
Jenny	Yes. It is so fun. The main actor is very handsome.
Huong	Korean drama is also very popular in my country.
Jenny	I see. By the way, what kind of program do you usually watch?
Huong	I watch the music program that singers sing every week.
Jenny	I like the music program too. I hope to sing well as like as singer. Then what are you doing now, Huong?
Huong	I've just back home. I'm going to wash clothes since I have not done because of the exam.
Jenny	If you don't have any appointment, how about coming over to my house and have dinner with me after washing?
Huong	Sure. I will finish soon and come.

읽고 말하기 새단어

내용 content

듣고 말하기 새단어

경찰서 police station

|듣고 말하기| Track 48 · p285

(경찰서 안)

경찰	무슨 일로 오셨어요?
여자	제 강아지가 없어졌어요.
경찰	여기 앉으세요. 어디에서 없어졌어요?
여자	강아지와 같이 공원에서 운동을 하다가 친구를 만났어요. 친구와 10분쯤 이야기를 하고 나서 친

본문·영문 번역 및 듣기 지문

	구는 집에 돌아갔어요. 그런데 강아지가 없어졌어요.
경 찰	그렇군요. 그러면 강아지에 대해서 자세히 말씀해 주세요.
여 자	네. 제 강아지 이름은 코코예요. 2살이고 아주 작아요. 그리고 눈같이 하얘요.
경 찰	옷도 입었어요?
여 자	네. 노란색 옷을 입었어요. 아! 제 강아지 목에 까만색 목걸이도 있어요.
경 찰	네. 알겠습니다. 지금부터 찾아볼 테니까 걱정하지 마세요.
여 자	감사합니다. 꼭 찾아 주세요.

25과 | 시내 구경하기를 좋아해요
I like seeing downtown

새단어

찻집 a tea shop   한식당 korean restaurant
주변 around   낫다 get well
짓다 to make, to build   큰일이다 It's serious
큰일(이) 나다 a serious thing happens
놓치다 to miss   입에 맞다 suit one's taste
통화하다 to make a call   끊다 hang up (the phone)
시간(이) 나다 have some time

[25과 본문] Track 49 · p286

다니엘	지훈 씨는 주말에 뭐 했어요?
지 훈	저는 시내 구경하기를 좋아해서 친구하고 서울 구경을 했어요.
다니엘	어디에 갔는데요?
지 훈	인사동에 갔는데 주변에 전통 찻집하고 한식당이 많았어요.
다니엘	저는 인사동을 안 가 봤는데 버스로 갈 수 있어요?
지 훈	버스를 타고 가면 좀 복잡해요. 길을 잃어버리면 큰일이니까 지하철을 타고 가는 게 나아요.
다니엘	거기에서 뭐 했어요?
지 훈	거리를 구경하고 점심을 먹었는데 불고기가 정말 맛있었어요. 불고기가 우리 입에 잘 맞았어요.
다니엘	그렇군요. 시간이 나면 저도 가 봐야겠어요.
지 훈	꼭 가 보세요.

Daniel	Jihun, what did you do on weekend?
Jihun	As I like seeing downtown, I looked around Seoul with my firends.
Daniel	Where did you go?
Jihun	I went to Insa-dong and there were many traditional tea houses and Korean restaurants.
Daniel	I've never been to Insa-dong, can I get there by bus?
Jihun	If you take a bus, it would be complicated. That's a big deal if you lose the road so it is better to take the subway.
Daniel	What did you do there?
Jihun	I just walked the street and ate lunch. Bulgogi was really delicious. The Bulgogi suited our taste.
Daniel	I see. I will go there if I have time.
Jihun	You must go.

읽고 말하기 새단어

익숙하다 get used to   특히 especially

듣고 말하기 새단어

중고품 secondhand goods   가전제품 home appliances   헌 N old

|듣고 말하기| Track 50 · p295

다니엘	제니 씨는 시간이 나면 뭘 해요?
제 니	저는 쇼핑하기를 좋아해요.
다니엘	하하. 여자들은 쇼핑을 좋아하는 것 같아요. 제니 씨는 어디에서 쇼핑을 자주 해요?
제 니	저는 중고품 시장에서 쇼핑을 자주 해요.
다니엘	중고품 시장요?
제 니	네. 중고품 시장은 새 물건을 파는 곳이 아니고 헌 물건을 파는 시장이에요. 책이나 가전제품, 요즘에는 살 수 없는 옛날 물건들이 있어요.
다니엘	아, 그것을 중고품 시장이라고 하는군요! 거기서

	피아노도 살 수 있지요?
제 니	요즘 피아노는 중고품 시장에서 안 팔아요. 피아노는 중고 악기점에 가야 살 수 있어요. 저는 헌책이나 옛날 카메라를 구경하고 싶은데, 다니엘 씨도 같이 갈래요?
다니엘	좋아요. 저도 한국의 중고품 시장을 구경하고 싶어요.
제 니	중고품 시장에서 좋은 물건을 고르기가 쉽지 않지만 물건을 싸게 살 수 있어서 좋아요.

26과 | 김치와 된장이 건강에 좋다고 해요
It is said that kimchi and doenjang are good for health

새단어

- 뉴스 news
- 약간 a little
- 팔 arm
- 떡국 tteokguk, (rice-cake soup)
- 삼거리 three-way intersection
- 결혼식 wedding
- 상처가 나다 be hurt
- 된장 Doenjang, (soybean paste)
- 소식 news
- 한글날 Hangul Proclamation Day
- 이름표 name card
- 나누다 to share
- 유학 studying abroad

[26과 본문] Track 51 · p296

에리나	어제 뉴스를 봤는데 김치와 된장이 건강에 아주 좋다고 해요.
민 지	네, 저도 그 이야기를 많이 들었어요. 그래서 할머니께 김치와 된장이 어디에 좋으냐고 물어봤어요.
에리나	어디에 좋다고 하셨어요?
민 지	김치와 된장을 많이 먹으면 감기에도 안 걸리고 건강해진다고 하셨어요.
에리나	민지 씨는 김치를 어떻게 만드는지 알아요?
민 지	지난주에 집에서 김치를 만들었어요.
에리나	맛있었어요?
민 지	네, 맛있었지만 저는 김치는 만들어 놓고 며칠 후에 먹는 것이 맛있는 것 같아요. 건강에도 좋고요.

Erina	I watched the news yesterday and it is said that kimchi and doenjang are really good for health.
Minji	Yes, I heard a lot about it, so I asked my grandmother where kimchi and doenjang are beneficial.
Erina	What did she say?
Minji	She said if you eat kimchi and doenjang a lot, you never catch a cold and become healty.
Erina	Do you know how to make kimchi?
Minji	I made kimchi at home last week.
Erina	Was it tasty?
Minji	Yes, it was delicious but I think it is better to eat kimchi in a couple of days later than to eat right away after you make kimchi. It is good for health, too.

|듣고 말하기| Track 52 · p305

진행자	오늘은 건강에 대해 이야기해 보도록 하겠습니다. 제 옆에는 한국 병원 의사 김병철 선생님이 나오셨습니다. 안녕하세요? 선생님.
김병철	안녕하세요.
진행자	반갑습니다. 병원 일 때문에 바쁘시지요? 일 때문에 바쁘고 힘들 때 건강을 지키는 방법이 있으세요?
김병철	우선 잘 자는 것이 중요합니다. 저는 하루에 여덟 시간은 잡니다. 그리고 같은 시간에 자고 같은 시간에 일어나요.
진행자	그렇군요. 그럼 식사는 어떻게 하세요?
김병철	아침을 꼭 먹는 것이 중요하다고 생각해요. 또 밥을 먹을 때는 천천히 먹어야 해요.
진행자	식사할 때는 어떤 음식을 먹습니까?
김병철	좋은 음식과 나쁜 음식이 있는 것은 아닙니다. 잘 자고, 잘 먹고 운동을 하는 것이 건강에 제일 좋습니다.
진행자	그렇군요.
김병철	저는 일주일에 세 번은 꼭 운동을 합니다. 공원을 빨리 걷거나 자전거를 탑니다. 운동을 하면 잠도 더 잘 오고 건강에도 좋습니다.
진행자	네. 그렇군요. 오늘 감사합니다. 선생님.

본문·영문 번역 및 듣기 지문

27과 | 해님과 달님
The sun and the moon

새단어

해 sun	달 moon
오누이 brother and sister	마을 village
호랑이 tiger	떡 tteok, rice cake
잡아먹다 prey on	얼른 quickly
넘다 go over	앞발 forefoot
믿다 to believe	놀라다 be surprised
뒷문 back door	도망가다 run away
나무 tree	올라가다 go up
기름 oil	바르다 put on
미끄럽다 slippery	떨어지다 to fall
도끼 hatchet	찍다 to chop
하늘 sky	기도하다 to pray
하나님 God	잡다 to hold
줄 rope	낡다 worn out
끊어지다 be snapped	서두르다 to hurry
이용하다 to use	노약자석 seats for the elderly
얼음 ice	

[27과 본문] Track 53 · p306

옛날 어느 마을에 어머니와 오누이가 살고 있었어요. 어느 날 어머니가 다른 마을에 일을 하러 가게 되었어요. 어머니는 떠나면서 아이들에게 모르는 사람이 오면 문을 열어 주지 말라고 했어요. 어머니는 일을 하고 밤늦게 집으로 돌아오고 있었어요.
첫 번째 산을 넘는데 호랑이를 만났어요.
"떡 하나 주면 안 잡아먹지!" 하고 호랑이가 말했어요.
어머니는 얼른 떡을 한 개 주었어요.
두 번째 산을 넘는데 또 호랑이를 만났어요.
"떡 하나 주면 안 잡아먹지!" 하고 호랑이가 말했어요.
어머니는 또 떡을 주었어요.
세 번째, 네 번째 산에서도 또 호랑이를 만났어요. 이제 떡이 하나도 안 남았어요. 그래서 호랑이는 어머니를 잡아먹어 버렸어요.
호랑이는 어머니의 옷을 입고 아이들이 있는 집으로 갔어요. 그리고 문을 열라고 했어요. 아이들은 "우리 엄마 목소리가 아니에요" 하고 대답했어요. 호랑이는 힘들어서 그렇다고 말했어요. 그때, 오빠가 말했어요.
"그럼 손을 한번 보여 주세요!"
호랑이가 앞발을 보여 주니까 아이들이 말했어요.
"우리 엄마 손이 아니에요!"

호랑이는 일을 많이 해서 그렇다고 말했어요.
그 말을 믿은 동생이 문을 열어 주었어요. 호랑이를 보고 놀란 오누이는 뒷문으로 도망갔어요. 그리고 오빠가 동생에게 나무 위로 올라가자고 했어요. 호랑이는 나무 아래에서 어떻게 올라갔느냐고 물었어요.
오빠가 대답했어요. "기름을 바르고 올라왔지요!"
그 말을 듣고 호랑이는 나무에 기름을 바르고 올라가려고 했는데 기름 때문에 미끄러워서 떨어졌어요. 그것을 본 동생이 웃으면서 "도끼를 찍으면서 올라오면 되는데……" 하고 말해 버렸어요. 호랑이는 바로 도끼를 찾아서 나무 위로 올라오려고 했어요.
무서워진 오누이는 하늘에 기도했어요.
"하나님, 저희를 살려 주세요."
그때 하늘에서 줄이 내려왔어요. 오누이는 그것을 잡고 하늘로 올라갔어요. 그것을 본 호랑이도 하늘에 기도했어요.
"하나님, 저에게도 줄을 내려 주세요!"
그때 또 하늘에서 줄이 내려왔는데 그 줄은 낡은 줄이었어요. 호랑이는 그것을 잡고 올라가다가 줄이 끊어져서 땅에 떨어졌어요.
하늘로 올라간 오빠는 해가, 동생은 달이 되었습니다.

Once upon a time, a mother lived in a village with two children, brother and sister. One day, the mother went to work to another village. When leaving, she told her children not to open the door if someone whom you don't know come. She finished work and was coming back home at night. As going over the first mountain, she met a tiger. "I won't eat you if you give me a rice cake." the tiger said.
The mother gave a rice cake immediately. As going over the second mountain, she met the tiger again. "I won't eat you if you give me a rice cake." the tiger said. She gave a rice cake again. In the third and fourth mountain, she met the tiger. She had no more rice cake then tiger ate her up.
The tiger put on the mother's clothes and went to the children's house, then said, "Open the door." Children answered, "It's not my mom's voice!" The tiger said that it's because she was tired. That time, the brother said, "Then show us your hands." As the tiger showed the front paw, children said, "It's not my mom's hand."
The tiger said it's because she worked too much. The sister believed and opened the door. The brother and

sister were shocked to see the tiger and then ran away by back door.
And he asked her to climb up to a tree together. Under the tree, the tiger asked how they got up there. The brother answered.
"We climbed up after rubbing oil over the tree!" As listening, the tiger rubbed oil over the tree and tried to climb up but slid down because the tree was so slippery with the oil. The sister laughed at the sight and blurted out, "You can climb up while striking the tree with an axe." The tiger found an axe right away and tried to climb up to the tree. The frightened brother and sister prayed to heavens. "God, please save us." At that moment, a rope was sent down from the sky. Children grabbed the rope and went up to the sky.
The tiger also prayed to heavens. "God, please send me a rope, too."
At that moment, a rope was sent down from the sky but the rope was old and rotten. The tiger went up with the rope but the rope broke and he plunged to ground.
In heaven, the brother became the sun and the sister became the moon.

28과 오늘은 시험이 있는 날이다
Today is the day we have an exam

새단어

기말시험 final examination   중간시험 midterm examination
갑자기 suddenly   시험지 test paper
눈물 tear 마지막 the last   결과 result 새해 new year
태어나다 be born   세우다 to build
심다 to plant   개교기념일 school anniversary
식목일 tree-planting day   달다 sweet
끄다 turn off   꺼내다 bring up
수학 math   과학 science
합격(하다) to pass   모으다 to gather
은혜 favor   목적 purpose
만점 perfect score   이상 over
긴장(이) 되다 nervous   생각(이) 나다 remind of ~
밸런타인데이 Valentine day

[28과 본문] Track 54 · p315

5월 8일 월요일   날씨: 비

오늘은 기말시험이 있는 날이다. 지난 중간시험 점수가 별로 좋지 않기 때문에 이번에 시험을 잘 보고 싶었다. 그래서 매일 도서관에 가서 열심히 공부를 했다. 그런데 시험이 조금 어려웠다. 또 긴장이 되어서 책에서 본 것 같은데 갑자기 생각이 나지 않는 것도 있었다. 시험을 보면서 내 자신에게 화가 났다. 시험지를 내고 나오는데 눈물이 나올 것 같았다. 이번 학기가 끝나면 고향에 돌아간다. 그래서 마지막 시험 결과가 좋으면 좋겠다. 내일은 말하기 시험이 있는데 그 시험은 꼭 잘 볼 것이다.

May 8th, Monday / Rainy
Today is the day we have an exam. The test score of the midterm was not that good so I wanted to do well on this exam. So I went to the library and studied hard everyday.
But the test was somewhat difficult. Because I was little bit nervous so there are something that I felt like to see them in the book but I suddenly couldn't remember. During the test, I was angry with myself. As submitting the test paper, I was about to cry. After this semester, I will go back to my country. So I really want to get a good grade with the last test. I have a speaking test tomorrow and I will definitely do well on the test.

본문·영문 번역 및 듣기 지문

29과 | 요즘 잘 지내고 있니?
Are you doing well these days?

새단어

익숙해지다 get used to	고민 worry
미래 future	문제 problem
의논하다 to discuss	답장 reply
퇴근하다 get off work	세탁소 laundry
식사하다 have a meal	수첩 notebook
메모 memo	출장 business trip
화해하다 make up with	부족하다 not be enough
무료 free	

읽고 말하기 새단어

문자(를 보내다) (send a) text message   이모티콘 emoticon
이해하다 understand

[29과 본문] Track 55 · p324

운추야,
요즘 잘 지내고 있니?
한국에 온 지 벌써 1년이나 되어서 요즘은 한국 생활이 많이 익숙해졌어. 다음 주에 시험이 있는데 요즘 고민이 있어서 공부를 못하겠어. 지금은 어학당에서 한국어를 공부하고 있는데 내년에 대학교에 가야 돼. 아직 전공을 선택하지 못해서 걱정이야. 처음 한국에 올 때는 이런 것을 걱정하지 않았는데……. 내 미래에 대해서 생각하니까 머리가 아파. 그래서 너한테 이메일을 보내. 어떻게 하면 좋을까? 대학 문제에 대해서 너와 의논하고 싶어. 답장 기다릴게.

Dear. Unchu
Are you doing well these days?
It's already been a year since I came to Korea. So I am quite get used to life in Korea. I have an exam next week but I can't study these days because of worries. Now I study Korean at a language school and need to go to the university later. I'm worried that I've not decided my major yet. When coming to Korea, I was never worried about these things. My thoughts about the future give me a headache. So I'm sending this email to you. What should I do? I want to discuss my problems about university with you. I will wait for the reply.

듣고 말하기 Track 56 · p337

지 훈: 민지야. 안녕?
민 지: 응, 지훈아. 안녕.
지 훈: 나 오늘 저녁에 축구 경기를 보러 갈 거야.
민 지: 너도 축구를 좋아하는구나. 나도 좋아하는데…….
지 훈: 그래? 그러면 오늘 저녁에 축구 경기장에 같이 갈까?
민 지: 그래, 좋아. 축구 경기장이 학교에서 멀어?
지 훈: 아니, 지하철을 타고 30분만 가면 돼.
민 지: 알겠어. 몇 시에 만날까?
지 훈: 7시에 축구 경기가 시작해. 그럼, 시작하기 20분 전에 경기장 앞에서 만나자.
민 지: 그런데 경기장에서 맥주를 마셔도 돼?
지 훈: 응, 괜찮아. 그러면 경기장에 가기 전에 맥주와 치킨을 사 가자.
민 지: 그러자. 이따가 만나.

30과 단풍이 울긋불긋 참 예쁠 거예요
The maple leaves will be so colorfully pretty

새단어

울긋불긋 (flowers blooming) colorfully
내장산 Naejangsan (Mountain)
의성어 onomatopoeic word
매미 cicada
가슴이 뛰다 one's heart beat
빛나다 shine
졸다 doze off
모래알 a grain of sand
조약돌 pebble
냠냠 Yum-yum
짖다 give a bark
의태어 mimetic word
개구리 frog
시골 country
도둑 thief
쨍쨍 blazing (sun)
반짝 twinkle
소반 small dining table
아장아장 one's toddle around

[30과 본문] Track 57 · p338

서 윤   오늘 시원한 바람도 불고 하늘도 참 파래요.
다니엘   네, 가을 하늘이 참 아름답네요. 우리 내일 산에 올라가 볼까요?
          날씨가 좋아서 등산하면 좋겠어요.
서 윤   그래요. 가을이라서 단풍이 울긋불긋 참 예쁠 거예요. 특히 설악산과 내장산은 단풍으로 유명해요. 축제도 하고요.
다니엘   그럼 사람들이 많겠네요. 다음에 같이 가 보는 게 어때요?
서 윤   좋아요. 그런데 요즘에는 단풍 구경 가는 사람들이 많아서 자동차로 가면 복잡할 거예요.
다니엘   그러면 기차를 탈까요?
서 윤   그래요. 기차를 타고 가면서 가을 경치를 보는 것도 좋겠네요.

Seoyoon   Today a cool breeze is blowing and the sky is so blue.
Daniel   Yes, the autumn sky is so beautiful. Shall we go up to a mountain tomorrow? The weather is good to climbing.
Seoyoon   Sure. It's autumn so the maple leaves will be so colorfully pretty. Especially, Seoraksan and Naejangsan are famous for maple leaves. There are festivals as well.
Daniel   Then, there should be many people. Later, how about going there together?
Seoyoon   Great. By the way, these days there are so many people who go there to enjoy maple leaves that it will be complicated to get there by car.
Daniel   Then shall we take the train?
Seoyoon   Good. It would be nice to watching autumn scenery while seating on a train.

읽어봅시다 새단어

비추다 light   햇볕 sunlight

CHAM KOREAN 2 Student's Book

| 정답 및 해설 안내 |

Answers & Explanations Download

연습합시다

읽고 말하기

듣고 말하기

※ 『참 한국어』와 관련한 다양한 학습 자료를 다운로드 받으실 수 있습니다.

www.chamkorean.com

정답 및 해설   MP3 CD

Learn Korean with ChamKorean.com

※ 해당 파일의 저작권은 TOPIK KOREA에 있으며 이를 무단으로 복제하는 것은 저작권법에 저촉됩니다.

참 한국어 2